数字化转型与创新管理丛书

银行业架构网络 BIAN

全球数字化时代金融服务业框架

BIAN 2nd Edition
A framework for the financial services industry

［荷］BIAN协会（BIAN Association） 著
庄鹏　王保育　译

清华大学出版社
北京

北京市版权局著作权合同登记号　　图字：01-2024-3421

BIAN 2nd Edition-A framework for the financial services industry, Copyright © BIAN Association and Van Haren Publishing,2021
Lead Author: BIAN Association
ISBN:9789401807685
本书中文简体字版由 Van Haren Publishing 授权清华大学出版社。未经出版者书面许可，不得以任何方式复制或抄袭本书内容。

本书封面贴有清华大学出版社防伪标签，无标签者不得销售。
版权所有，侵权必究。举报：010-62782989，beiqinquan@tup.tsinghua.edu.cn。

图书在版编目(CIP)数据

银行业架构网络 BIAN：全球数字化时代金融服务业框架 / 荷兰 BIAN 协会著 ; 庄鹏，王保育译 . -- 北京：清华大学出版社 , 2024.9. --（数字化转型与创新管理丛书）. -- ISBN 978-7-302-67227-2

Ⅰ . F830

中国国家版本馆 CIP 数据核字第 2024FZ0960 号

责任编辑：张立红
封面设计：钟　达
版式设计：方加青
责任校对：卢　嫣
责任印制：丛怀宇

出版发行：清华大学出版社
　　　　网　　址：https://www.tup.com.cn，https://www.wqxuetang.com
　　　　地　　址：北京清华大学学研大厦 A 座　　邮　　编：100084
　　　　社　总　机：010-83470000　　邮　　购：010-62786544
　　　　投稿与读者服务：010-62776969，c-service@tup.tsinghua.edu.cn
　　　　质　量　反　馈：010-62772015，zhiliang@tup.tsinghua.edu.cn
印 装 者：北京同文印刷有限责任公司
经　　销：全国新华书店
开　　本：170mm×240mm　　印　　张：16.75　　字　　数：259 千字
版　　次：2024 年 9 月第 1 版　　印　　次：2024 年 9 月第 1 次印刷
定　　价：88.00 元

产品编号：104287-01

序言一

在 *BIAN 2nd Edition - A framework for the financial services industry*（以下简称 BIAN 书第二版）中文版出版之前，笔者有幸于 2024 年初提前拜读了 BIAN（The Banking Industry Architecture Network，银行业架构网络）国际组织中国工作组翻译的文稿。笔者留意到在 BIAN 书第二版里提出了敏捷性架构的定义，系统敏捷性、流程敏捷性和业务敏捷性三个主要领域，以及敏捷架构原则。BIAN 国际组织 2019 年发布的 *BIAN Edition 2019-A framework for the financial services industry*（以下简称 BIAN 书第一版）没有特别强调 BIAN 的设计原则，而 BIAN 书第二版专门用一节进行了架构原则的归纳说明。决定服务图景的三个主要要素概念没有变化，依然是业务领域、业务域、服务域（Service Domain，SD）[1]。服务域是最基本的业务能力构建块，业务领域和业务域是对服务域的分组方式。BIAN 是期望通过搭建稳定的经得起时间考验的基本能力切分（segment）框架和银行整体的业务对象模型（Bussiness Object Model，BOM），确保银行可以基于服务域或一组服务域进行分布式架构演进，而不会破坏整体的架构，使得分步实施成为可能。这也是 BIAN 所称其符合敏捷原则的原因。

在 BIAN 国际组织 2019 年发布 BIAN 书第一版的同年，笔者曾出版了《敏捷银行——金融供给侧结构性改革》一书，提出了"敏捷银行"的概念和范式。很荣幸的是，在 BIAN 国际组织继续研究完善企业架构思维的过程中，笔者于 2022 年和 2023 年分别研究撰写了《生态银行——敏捷进化实践》以及《敏捷银行的实践——以创新为第一动力》，阐释了敏捷性架构银行实践的四个层次及其特征，即"流程级敏捷、企业级敏捷、平台级敏捷以及生态级敏捷"，对于数字

---

[1] 定义业务功能、服务交互和业务对象的核心构建块，用以描述任何银行的一般构成。

化、智能化环境下银行敏捷性架构的应用模式进行了扩展。

敏捷银行的相关实践表明，银行数字化是智能化的基础和前提，应用BIAN金融服务业（financial service industry，FSI）框架有助于提高银行数字化的投入产出效率和持续进化能力。BIAN书第二版新增的语义API描述和BOM将增强银行内部及银行内外应用到应用的互操作性和交互效率，将促使银行与合作伙伴通过服务连接加快完善金融服务数字生态，将推动数据真正成为银行生产经营的一种核心要素；新版本扩展说明了BIAN框架在不同上下文中的应用，并通过许多真实或半真实的案例进行了阐述，有助于读者更好地理解BIAN在不同情境下的使用方法，从案例中获得启发，从而在自身所在组织中考虑应用BIAN；本书新添加的"BIAN采用之旅"和业务能力模型（Business Capability Model，BCM）两个主题有助于读者选取适合自身实践的BIAN应用推进路径，更完善地定义出自身组织所包含和需要的业务能力。

笔者认为，BIAN金融服务业架构是经过科学提炼和深度实践的成果，实现了诸多的规范统一，更利于在同等思维框架下、语言环境中开展战略分解、产品创新、流程改革等工作。如BIAN对每次服务域应用一个行为在一个资产实例上，都会使用通用工件（Generic Artifact，GA）的实例来引导和跟踪其活动和进度。每个功能模式（Functional Pattern，FP）都为其定义了一个通用工件。引入行为限定符概念，用于限定（即精化）服务域的控制记录。再如BIAN对服务操作和语义API进行了规格化定义，确定了一组标准动作术语，用于体现不同类型的服务操作，以应对银行内部和开放金融生态中的互操作性挑战。

在笔者看来，对于BIAN书第二版，值得关注和强调的一点在于，**BIAN框架正在越来越明显地超越技术范畴，成为一种更为通用的管理参考框架**，越来越能够对更宽泛、更一般化的银行经营管理活动产生更多影响。如书中所言，企业架构方法不能再只专注于技术解决方案，而需要"为业务和运营模型赋智"。BIAN书第二版能够为银行管理层提供观察自身的一致的"棱镜"，帮助相关人员从所有"管理"角度去看待银行。它已不仅仅可被用于与银行IT建设紧密相关的需求管理、架构管理，也越来越可以被用于助力银行更有效地从价值和风险管理、绩效管理以及投资和变更组合管理等管理角度审视自身。

银行管理的有效开展，非常需要形成足够准确、详尽的全面视图；然而这一直是一个困难重重的重大挑战。主要是因为银行机构往往组织规模庞大，部门众多，流程繁琐，各种业务的管理规则与要求多样复杂，不同专业领域的视角和诉求差异巨大。在这样一个复杂的集体组织中，沟通、协同成本巨大，必须首先实现全组织对经营管理演绎分析的高效协同，才可能进一步整合出关于经营管理的统一有效的全面视图。

BIAN框架在一定程度上是在为银行提供一种"画布"体系，基于结构化、标准化且语义清晰、明确、无歧义的工具、方法，可视化地对银行经营计划、管理部署、运营策划进行演绎分析。BIAN服务划分一系列"高内聚、松耦合"的功能单元是经过反复推敲和有效实践的，可以快速搭建与自身相符的、有前瞻性的架构框架。帮助银行领导层高效率、高质量地构建起全面完整的全行经营管理状况视图。功能单元"可封装、可连接、可复用"等特质更利于企业战略能力的打造、完善和提升，清晰的结构布局和灵活的组装更能满足在开放金融生态体系中发挥核心价值。

如果将一个银行机构整体视为一个人，那么BIAN框架就代表了"银行体"这个"人"应该具备的高一致性的思维架构。当然，一般而言，银行很难一蹴而就地全面建立起完整的BIAN框架"思维架构"。在实践中，银行可参考上面提到的BIAN采用之旅，根据各部门各领域的特点，采取不同节奏，逐步推行BIAN。可先将其主要当作"通用词汇"，来解决内部与内部、内部与外部之间的语言混乱问题；亦可在更深度与更高阶的层面运用其来绘制一张张适合不同管理要求的银行"蓝图"，推动银行管理、运营持续敏捷进化。银行不同项目、不同部门、不同层面的BIAN运用之间几乎不需要做适配即可顺利对接，形成范围更大的架构拼图，大大降低了银行在架构扩展增长与迭代过程中常见的返工痼疾风险。

若更进一步去理解BIAN书第二版和BIAN框架所展示出来的潜力和意义，笔者认为可关注其"承接"价值。

BIAN框架作为银行的思维架构，之所以优秀，正是在于它的承接能力，在于它是一种高度开放的基础体系，不仅能够帮助银行更好地去承接、吸收涌现速度越来越快的各种技术变革，更能支撑银行去很好地承接住不同领域中类型千差万别的各种方法论，以及总是处于不断变化中的环境要求。

与银行经营管理中所使用到的各种方法论相比，BIAN 框架是一种更为基础的方法论，或可称之为"元方法论"。它与各种管理分析与优化工具、方法论并不冲突，更不竞争；相反，银行经营管理中的各种分析优化工具都可以映射到 BIAN 框架之上，在 BIAN 体系中完整复现、实施。这一点将随银行数字化程度的持续加深而变得越发明确。

承接"不断变化的环境要求"，对于银行而言，最典型的体现就是对监管要求及政策动态的响应。BIAN 书第二版提到了 BIAN 参考框架响应监管要求的能力优势，笔者相信这在当下尤其重要。各种意外变化迭起，政策、监管在一定程度上是银行从容应对变化的锚点。银行需要持续追随监管要求的变化，及时顺应经济金融政策对业务方向的指引，在时间轴上动态调整，依托 BIAN 参考框架实时演进经营管理蓝图。

笔者相信，BIAN 框架也终将成为银行数字化战略推进工作中最强有力的工具之一。

首先需要声明的是，BIAN 框架正在超越技术范畴，并非指 BIAN 框架脱离技术，进入了全新的非技术领域，而是指它作为数字化变革与扩散潮流的一种不可避免的产物，正在成为数字化向银行中各个传统的非数字场景中渗透的利器。

这里面就包括对银行战略制定及实施等工作的方法、过程的渗透。BIAN 框架是把数字化思维真正全面融入银行战略工作的有力工具，能帮助"银行体"塑造贯通银行各个层面的数字原生思维体系，让银行数字化转型战略真正入魂而不止于形。

数字化是 BIAN 参考框架的原始基因，应用图景、技术图景也是其最终的落脚点。至于 BIAN 参考框架的"贯通"能力，则源自于它能将战略和需求精准高效地投射到银行运营架构上，结构化对运营的评估，以及对这些运营的变更。而这种贯通、投射能力的底层，是 BIAN 的服务域在发挥"纽带"作用；也正是由于服务域是银行战略与其运营之间的纽带，因而 BIAN 参考框架可用于将战略需求及其评估与实现服务域的业务图景元素联系起来。

所以，BIAN架构是真正能从理念到架构、到应用系统、再到服务落地、完成价值交付的**端到端贯通的全流程战略**工具。BIAN的服务域代表创造价值的能力，服务域是BIAN定义业务能力的基本构建块。BIAN的业务能力可以描述为服务域之间的协作，由一系列服务域协同实现。同时，每个服务域又是多个业务能力的构建块。鉴于其基本、稳定的性质，服务域是企业战略和架构之间的纽带。是推动银行战略工作本身充分数字化、可计算化的重要方法手段，终会成为未来最具竞争力的战略工作工具。

笔者认为，通过检视BIAN参考框架这样的方法论体系**在银行经营管理实践的接受和使用程度**，其实更能准确地揭示一个银行数字化转型的真实水平和深度，揭示银行数字化转型整体持续迭代演进的敏捷水平，进而预示银行的未来竞争力。随着BIAN参考框架这样的方法论更广泛地成为银行各部门、各条线、各管理层人员的核心工具，银行数字化转型的投入产出效率将有望获得实质性的提升。

笔者展望，**生成式AI或许能成为BIAN参考框架应用于银行战略迭代与经营管理迭代的引爆因子**。近来，基于大模型的生成式AI技术进展屡屡超乎预料，目前领先银行正运用大模型技术在细分领域应用实践，在BIAN的语义标准、操作规范、模型要素等高质量语料基础上，也有望以工程化方式训练出极具专业水准的银行BIAN生成式AI模型。这种包含大量知识和训练数据的AI模型将能够以接近完美的方式助力银行机构搭建BIAN架构，进而逐步实现以全自动化、全智能化的方式助力银行机构持续规划，并持续跟踪和管理其数字业务投资等，若与数字化转型以及大模型技术在细分领域应用实践相结合，领先的敏捷银行则将因此而呈现为可持续自我进化的超级智能银行体，在提高服务实体经济的效率和水平上领先一步创新。

赵志宏

渤海银行执行董事、副行长、首席风险管理官

序言二

金融行业经过数十年来的行业积累，在企业架构和业务架构领域，形成了一套契合行业特点和发展趋势的理论体系和实践标准。《银行业架构网络BIAN：全球数字化时代金融服务业框架》（以下简称"本书"）正是由一个著名的国际金融行业标准化组织——BIAN组织所编著，体现了对金融行业的深刻洞察和行业的最佳实践。

BIAN框架提供了一组完整的架构原则和架构元模型，并在架构元模型基础上，构建出一套金融行业完整的参考架构体系，其中包括由三百多个服务域组成的企业级服务图景、各个服务域语义级别的API定义、企业级的BOM，以及典型的业务使用场景构成的业务能力地图。BIAN框架和参考架构符合数字化、智能化和开放经济时代的要求，可以作为金融行业在数智化、开放经济时代的企业参考业务架构。结合运用企业架构开发方法，可以帮助金融企业建立自身的业务架构和企业架构能力，并指导其进行数字化转型。

本书在如何运用BIAN参考架构方面也给出了非常详实的指导，包括在企业整体上使用BIAN以构建企业蓝图，进行战略级分析和评估；在业务层应用BIAN构建企业业务架构，进行业务投资和变更组合和业务设计；在应用层应用BIAN，进行应用组合映射，应用和集成架构治理，评估解决方案系统架构；在信息和数据方面应用BIAN，进行企业数据资产标准化和数据架构治理；在服务化方面应用BIAN，实现企业内部、金融行业内部以及跨生态行业间的互操作性。本书包括了非常真实的案例，讲述了一个金融集团如何一步步通过架构治理，构建企业自身的架构能力，引入BIAN参考架构，建立起企业的业务、应用、数据和技术架构，以满足和顺应监管与市场环境的变化。这些都对企业的高级管理层具有非常直接的指导意义。

本公司从事资产管理和财富管理业务,在国内此类业务尚属于初期,几乎所有业务都是学习国外市场的经验,在此基础上再做本地化的创新,业务人员和技术人员对业务缺少深入全面的理解;另外如何应用信息技术高效支持业务发展也缺少指导,导致架构设计、技术方案设计往往缺少前瞻性和科学性。

BIAN 作为银行业的参考架构,包括资产管理和财富管理相关的业务域,我们认为可以引用 BIAN 作为参考架构,指导我们进行架构开发。

(1)参考 BIAN,进行业务领域的规划和设计,构建和治理企业业务架构。

(2)参考 BIAN,进行应用组合映射,进行微服务设计,构建和治理企业应用架构。

(3)参考 BIAN,评估解决方案系统架构,使系统设计具备前瞻性和科学性。

(4)参考 BIAN,进行企业数据资产标准化和数据架构治理。

所以笔者相信 BIAN 作为金融行业的参考架构,可以帮助本公司及资产管理和财富管理行业的其他企业,支持企业蓝图的构建,并指导企业架构的建设和落地实施,形成较为科学的战略—业务—IT 联动的现代化的企业架构体系,支持企业战略和业务的不断创新,适应数字化时代的发展要求。

李强

富国基金首席信息官

序言三

中国正在全面实现数字化转型，按照国家《"十四五"数字经济发展规划》和《"十四五"国家信息化规划》的要求，不断加快推进企业数字化转型和产业融合发展，实施"上云用数赋智"行动。中国的企业也从做大逐渐向做强方向发展，从规模化到集约化再到生态化，其业务模式也在发生着深刻的变化，在各个行业都涌现出一批佼佼者，从追随者逐渐蜕变成行业的创新者，并且逐步在各行业引领全球发展。这些成就无疑要归功于这个大时代的机遇和企业家的开拓精神，归功于企业战略能够落地。

对于任何一个企业，如果要让战略及时落地，就需要有良好的传导通道，要能够确保战略到管理再到运营的畅通并形成闭环。企业要想获得持续的成功，就必须形成这样的一套机制，确保企业自身能够做出迅速调整和应对，以适应不断变化的外部环境和市场竞争。一个企业的企业架构能力无疑就是企业的"内功"，做大的企业需要及时"修炼内功"，才能做强，并保持成功。

在众多行业中，金融行业一直是信息化和数字化程度相对较高的行业。《银行业架构网络BIAN：全球数字化时代金融服务业框架》由国际知名金融行业标准组织——BIAN编著，它凝聚了银行业企业和业务架构数十年来的行业最佳实践，形成了一套先进的理论体系和实践标准。其可以作为金融行业在数字化开放经济时代的企业参考业务架构，结合运用企业架构方法，指导银行业和其他金融行业在开放经济时代的数字化转型，为其提供一套行之有效的方向、原则、方法和工具。

虽然是金融行业的参考业务架构，但是其运用的企业架构思想，同样适合于其他行业。一个企业只有在架构上切分清楚其基本的业务能力，并且能够基于这些能力运用其ICT基础，实现其新产品或价值主张的快速组装和面世，才能够快速响应市场变化，企业的战略才可以被及时有效地承接。这本书所倡导的企业架构和业务架构思维模式，体现了科学化结构化的方法，战略可以得到业务模型很好的结构化支撑，业务模型对ICT架构也可以形成有效指导。这种企业级一体化结构化思维模式，不仅对中国的金融行业，对其他行业也有很好的借鉴意义。

王亚晨

腾讯云副总裁

序言四

BIAN 书第二版中文版的出版，对中国银行业的架构参考及发展有重要的意义。开放架构是大势所趋，而 BIAN 是开放架构在银行业的具体体现和实践。

中国的银行业从卡片记账到电算化，从县域集中到省域再到全国大集中，从基于单个业务功能的烟囱系统建设模式到企业级能力的建设，从集中式系统到分布式系统，加上信创、数据作为自然资源的趋势，架构演进将会越来越重要。

中国银行业架构的演进和治理始于 21 世纪初期。彼时大型银行基本上完成了全国集中的建设，由于历史原因造成的系统功能重复建设、标准不一，系统之间共享、交互性越来越差。以四大行为首的大型银行开始了企业级架构的旅程。随后，股份制银行、城商行、农村商业银行等也纷纷迈入了企业级架构转型的行列。各大型银行经过十多年的实践，形成了适合中国市场的资产，为企业的降本增效、支持新的业务模式做出了重大贡献。IBM 作为企业架构的领导者，将企业架构的方法和体系引入中国，并且在各家银行的企业架构转型上扮演了重要的角色。同时 IBM 也是 BIAN 的发起人之一。

BIAN 结合全球银行业架构的众多最佳实践，提供了一个参考架构。它体系化地定义和规范了表示法、元模型、服务域、业务对象、业务场景、业务能力等关键概念，体现了"书同文、车同轨"的标准做法，减少了沟通和理解的摩擦。在架构应用上，本书介绍了在构建企业蓝图、业务设计、应用架构、信息和数据架构、互操作性方面的具体参考应用和场景。大多数情况下，银行可以通过适当的剪裁来形成自己的架构资产。

本人从事金融服务业 20 多年，通览本书后，认为本书可以作为一本工具书，对于银行业从业的首席信息官、科技条线的从业人员有很强的参考价值。另外，本书强调的业务架构在企业级架构上有提纲挈领、举足轻重的作用。业务人员可以利用本书业务架构和业务设计的概念加强业技融合,行长及董事长可以利用本书在管理业务和技术的平衡上找到自己独特的管理方法和抓手。

范斌

IBM 咨询中国区金融行业总经理

序言五

银行业正处在一个快速采纳数字化、满足不断上升的客户需求和期望、以及面对来自金融科技公司的激烈竞争的"新常态"。银行即服务（Banking as a Service）和开放银行等诸多新模式正在获得相当大的关注和采用。为了在这个快速变化的环境中生存和发展，银行必须拥抱快速的数字化转型，并在价值链和业务以及技术架构上制定明确的战略，以更快地抓住市场机遇。该行业必须建立互操作性以促进整合和创新。

自2008年成立以来，BIAN为银行业提供了一套用于高层次的企业分析和解决方案设计的全面的组件业务蓝图。近年来，BIAN扩展了服务域规范，加入了由服务域管理的业务信息描述，并定义了作为服务域之间交换的服务操作模型。这些扩展使得BIAN语义API规范成为可能，并为利用BIAN参考模型设计和开发微服务架构应用铺平了道路。最近，BIAN引入了业务事件并正式规范了服务域之间的交互，以实现基于事件驱动的松耦合交互。

IBM是BIAN的长期成员，拥有董事会代表，并在多年来积极为BIAN的发展做出贡献。作为IBM的BIAN代表，我很幸运能够与行业内经验丰富的专家合作，亲眼见证BIAN的发展并参与了塑造其发展的诸多倡议。我与成员银行合作，加入了企业特定的API需求并改进了BIAN语义API规范。BIAN语义API将若干决策和实践纳入了未来的发布中。根据我支持多家金融机构采用BIAN进行数字化转型项目的经验，我创建了一种将BIAN应用于微服务应用的方法。该方法通过建立BIAN概念和模型与领域驱动设计（Domain Driven Design）概念和模型之间的映射，阐明了BIAN实际上给银行领域提供了一个应用领域驱动设计的框架。这项工作被社区中的从业者广泛引用。我和他人共同主持了BIAN架构框架和基础（AF&F）工作组，通过引入业务事件和交互扩展了服务域。我还领导IBM团队参与了几个BIAN无核银行（Coreless Banking）倡议，助力开发可重用的架构和参考实现，以促进行业范围的互操作性、协作和持续的改进与采用BIAN。

本书为读者提供了BIAN起源和使命的详细介绍、BIAN架构框架的原则以及各种应用它的方式，包括作为企业分析的蓝图、业务设计和决策的业务架构、解决方案的应用架构、数据建模的信息架构以及具有互操作性的API。无论您是想要了解BIAN框架并将其应用于数字银行转型，还是准备参加BIAN基础认证，本书都将是您书架上的一大收藏。

一些现任和前任同事已经出色地将本书翻译成了中文，这将促进BIAN在中文社区中的推广。祝您阅读和学习的旅程愉快！

郝飚

IBM 美国金融服务市场首席技术架构师

译者序一

BIAN组织成立于2008年，在2009年发布了其第一个版本的服务图景，后面几乎每年都会发布一个新版本，并且逐步完善标准的内容。在译者翻译这本书时，BIAN标准已经发布了其第12版本了，其会员已经有了近30家银行、金融机构，近50家的咨询公司、金融解决方案和服务提供商，还有十几家的学术机构、标准组织参与其中，这体现了BIAN组织非常活跃，并逐渐完善发展成为一个国际化的标准组织。BIAN在2019年出版了BIAN书第一版，又于2021年出版了BIAN书第二版，本书是BIAN书第二版的简体中文版。

译者第一次接触BIAN是在2020年，当时在给国内的一家银行做开放银行标准化的咨询项目，基于的就是BIAN标准。译者在接触BIAN之前非常熟悉IBM的银行业务架构和模型，当详细了解了BIAN的参考框架的体系后，觉得两者的理念是一脉相承且殊途同归的。说其一脉相承是因为两者都是从架构的本质出发，捕获了银行的能力要素，以及基于这些能力的行为，和其所依赖的数据。IBM的业务架构方法论是其多年来若干项目和金融行业最佳实践的沉淀；而BIAN则是以更加标准化的方式定义了银行的基本业务能力要素和业务对象，其凝聚了行业内各领先的实践者以及包括IBM在内的各会员单位的重要贡献。作为行业的标准，BIAN是包括银行业在内的金融行业的最佳实践。说其殊途同归，是因为IBM业务架构的业务组件是基于实际业务的五级流程建模，结合业务对象，基于一定的规则聚类而成；而BIAN则是基于一个基本原理，将银行有形的、无形的资产分解到一定粒度，再作用以标准化的交互模式，进而得到能给银行创造价值的服务域，使用类似于业务流程的业务场景辅助进行服务域的验证和服务域的服务操作的识别。虽然得到的方法不同，但对比下来，业务组件和服务域有不少是存在重合的，BIAN服务域由于基于统一的标准进行界定，其粒度会相对更加一致，且相对更细，也更加体现了领域驱动设计的理念。

译者同样也对比了 BIAN 和领域驱动设计（Domain Driven Design，DDD）方法。DDD 的核心概念之一是限界上下文（Bounded Context），在一个限界上下文下使用一种通用语言，管理着一组聚合，独立演进发展。不同的限界上下文基于特定的模式——上下文映射进行跨上下文语言的翻译和互操作。DDD 比较适合解决方案（群）架构的设计，通常会采用事件风暴方法，邀请领域专家和开发人员聚焦于业务和业务流程，基于业务流程的分析，通过识别领域事件，再聚焦到关联领域事件的聚合/实体上，从而划分出限界上下文，其本质是从逻辑数据模型的聚合/实体出发，结合领域事件进行的边界划分。银行业的业务模型已经发展了数十年，有着深厚的业务流程、业务实体、业务服务等模型的积累，银行业的数据模型也非常成熟和完善，比如 IBM 的金融服务数据模型（Financial Service Data Model，FSDM）定义了九大概念，通过这些概念以及它们之间的关系，概况了银行业务的本质，通过逻辑数据模型的扩展和具象化，可以模型化出不同的银行产品和服务能力。我们不需要像探索新世界一样，通过 DDD 和领域事件重新进行实体和聚合的识别，而是可以充分利用成熟的数据模型（实体和关系），按照银行不同的资产类型（有形、无形履行合约/服务的能力也被认为是一种资产）和作用于资产上的不同交互模式（BIAN 称之为功能模式）的价值创造，进行清晰的限界上下文界定，这就是 BIAN 界定服务域的基本原理。所以 BIAN 的服务域划分同 DDD 的限界上下文的划分的本质是一致的，都是从业务的本质（数据模型实体）出发，结合功能（DDD 是领域事件，BIAN 是服务操作，及后面会引入 EDA）进行的功能聚类和功能分区。一个服务域就相当于 DDD 中的一个限界上下文，而各个服务域 BOM 里面的每个核心业务对象相当于限界上下文中的每个聚合的聚合根。基于行业已有的成熟模型进行领域划分也更稳定和更具有普适性，避免了不同银行或不同架构师在不同场景下，因划分标准和偏好的不一致而引发的划分歧义。

BIAN 不仅提供了领域划分方法，且已经把整个银行划分成了三百多个服务域作为参考标准，任何一家银行或金融机构基于 BIAN 的标准，都可以按照统一的标准和方法进行定制，形成银行自身的企业蓝图和 BOM；但其整体上依然可以保持一致性，这就带来了难得的跨银行/生态的互操作性，以及银行内部跨不同解决方案的互操作性。银行内部高的互操作性可以降低营运成本，提高对业务的响应速度；跨银行的互操作性可以提升开放生态场景应用创新速度，降低集成成本。更可贵的地方是，BIAN是在企业级体现业务价值的层次上进行划分，这种企业级的参考架构不正是银行管理者孜孜以求所要建立的企业级视图吗？这在BIAN里被称为"一页纸银行"蓝图，其对上可以结构化表达战略和价值主张，支持不同度量角度的归因分析并形成变革倡议，对下可以指导应用架构应用图景的划分和演进，形成企业级的数据资产和开放能力资产，并落实架构治理。

BIAN参考架构提供的是语义级别的业务模型，这样才可以作为行业的标准被采纳。从语义级标准到能力真正落地，还是需要结合其他行业标准如ISO 20022，结合业内好的业务和架构实践方法如流程建模、实体建模、事件风暴、DDD、微服务和API架构风格，以及结合使用银行现有的架构资产如数据标准。

本书并没过多涉及银行专业领域知识，也没有专注于介绍BIAN交付件内容本身，而是更多地从其原理和如何应用BIAN进行讲解。本书在介绍如何应用BIAN时，穿插了一个基于现实的虚构的应用案例进行说明，这个案例讲解跨架构领域、跨时空，给人以一种身临其境的感觉。银行的管理层和企业架构师、咨询公司的顾问都可以很好地从这个贯穿全书的案例中得到启发，因为该案例来自于一家欧洲银行集团的现实案例，所以会特别有真实感。

BIAN相关的概念，以及上述这个案例在BIAN提交给国际开放标准组织（The Open Group）的一个标准指南《G205_金融行业参考模型 银行业架构网络（BIAN）的ArchiMate®建模符号》及其相关的案例研究《Y201_Archi银行集团BIAN参考模型、ArchiMate®建模符号和TOGAF®框架结合使用案例研究》中也得到了论述。在本书的翻译过程中，译者也力图确保同BIAN提交到The Open Group的标准在翻译用词上的一致性。

当今社会已经进入开放经济时代和生成式AI时代。译者一直认为开放的内在要求首先是开放标准，我们已经见证了从网络到服务器再到通信协议逐渐开放和标准化的过程，而架构栈自下而上从技术到应用再到业务逐渐标准化是大势所趋。标准化的益处是可以进行社会化大生产，提升生产效率，同时降低互操作性的成本，这符合社会发展的趋势。译者相信银行业作为数字化领域最为领先的行业，BIAN 这种语义层的标准会得到越来越多金融机构与金融产品和服务提供商的认同和响应，越早参与到这样的社会化数字产品大生产中，银行越早获得竞争优势。BIAN 标准组织的工作机制，确保了标准的制定来自于金融机构，这样的方式也确保从一开始标准就得到了应用。随着生成式 AI 越来越广泛的运用，开放标准化的结构化架构模型更有利于训练银行业标准化的生成式 AI 产品。在开放经济和生成式 AI 时代，开放标准和科技的进步将会推动业务模式的创新和新的业务形态的产生。

BIAN 提供了一个典型的采用路线图，可用作金融机构 BIAN 采用之旅的指导。中国的银行可以基于其采用路线图，按照 BIAN 提供的方法，对服务图景和 BOM 进行定制化，形成符合银行自身实践的蓝图和 BOM，并以此为基础，结合本书 BIAN 在战略层、业务层、应用层、信息和数据层、接口互操作层的应用方法，指导银行的数字化转型实践，比如渠道和客户服务的数字化、核心的现代化、数据治理和资产化、开放银行和开放 API。

译者本人和另一位原同事王保育共同完成了本书的翻译工作。在翻译完成后，由本人进行了全书的统稿和校对工作。另外，还邀请了 IBM 公司在 BIAN 组织的会员代表郝飚同事进行了全书的审校和作序。我们几位之前也一同完成了上述 BIAN 提交给 The Open Group 的标准指南和案例研究的中文本地化工作，这确保了本书用词和标准的一致性。在此对他们的辛勤付出表示感谢。

本书并不会过多涉及银行的专业领域知识，但阅读本书需要一定的银行业务知识，具备一定的企业架构思维，还需要了解 The Open Group 的 ArchiMate 架构语言、TOGAF 企业架构开发方法。受限于译者的水平，如果存在翻译错误或难以理解的地方，望读者谅解并给予反馈。

本书的出版非常荣幸地邀请到了渤海银行执行董事、副行长、首席风险管理官赵志宏先生，富国基金首席信息官李强先生，腾讯云副总裁王亚晨先生，IBM 咨询中国区金融行业总经理范斌先生，IBM 美国金融服务市场首席技术架构师郝飚先生的推荐作序；同时非常感谢赵志宏先生、浦发银行信息科技部副总经理万化先生、IBM 大中华区金融核心锐变服务总经理和混合云转型服务总经理马勇先生、Thoughtworks 中国区总经理肖然先生、亚马逊云科技大中华区 CTO 刘亚霄博士的封底推荐。本书的出版得到了荷兰范哈伦出版集团（Van Haren Publishing）CEO 伊沃·范哈伦（Ivo Van Haren）先生、清华大学出版社张立红主任、国际信息科学考试学会（Examination Institute for Information Science，EXIN）亚太区总经理孙振鹏先生的大力支持，在此一并感谢！

庄鹏

译者序二

在本书的第二部分（BIAN 的应用）中，从第 5 章到第 9 章，分别阐述了 BIAN 服务图景及其服务域的独特能力，从不同视角提供了银行多维现实的整体视图，以及 BIAN 用于业务层、应用层、信息数据管理和 BIAN 的互操作性，每一章都从如何在企业和领域架构层面使用 BIAN 开始，并以在系统架构和设计层面上使用 BIAN 结束。虽然本书译者已尽了最大努力，但可能读者在首次阅读时仍会感到抽象和难以理解，我自己也是在参与了某全球著名银行 BIAN 的落地项目及 BIAN 标准工作组后，对 BIAN 的应用和作用才有了一些粗浅认识。下面我将会抛砖引玉，供大家参考。

银行业务建模的新途径

银行客户已经意识到业务建模的重要性，也逐渐尝试五级建模、DDD 等工艺流程方法论，甚至开始使用一些建模工具，但是对于建模的产出物，一直缺乏最佳实践的参考，模型质量问题成为行业困扰。例如，对于模型结果的颗粒度、完备性和合理性，当前缺乏统一认识和标准，许多客户还在花大量时间探索银行业务架构的建模体系，包括活动、任务、步骤的合理界定，实体、值对象的模型抽象，五级建模、DDD 的落地途径等。而 BIAN 恰恰提供了开放标准的服务域模型，包括与 DDD 的映射，以及规格化的描述，并支持低代码生成等，从而为银行业务建模途径提供了新的选择。BIAN 可以为五级建模、DDD 的模型产出提供基于行业最佳实践的标准化规格参考，同时银行五级建模、DDD 的产出结果也可以经过提炼，实现客户定制化的 BIAN 服务域及语义 API，从而不断丰富和完善银行的业务模型体系。

分布式架构下业务划分的参考

分布式架构体系中，微服务颗粒度的设计是个关键，微服务过粗或过细都可能会带来业务灵活性或系统性能方面的问题。另外，我们观察到一些核心银行单元化项目的成功要素，除了分布式数据、分布式事务等关键技术外，单元化部署之前的业务单元的合理拆分和界定也至关重要。客户希望系统化地梳理和规划银行业务能力组件，从而真正做到无重复、无遗漏的组件化设计和插件化实现。BIAN 倡导无核化银行（Corelessing Banking）模式，银行服务都被定义为一个个独立的、松耦合的、非重叠的模块化业务功能，并独立于所有其他功能进行定义和维护，从而实现独立于不同系统和供应商的即插即用（Plug & Play）功能。BIAN 提供了包括银行业务能力完整图景、业务领域、业务域、服务域划分的业务能力参考模型，可以帮助银行更好地实现微服务拆分和单元化设计，以及更合理地划分和标准化 API 服务等。

金融模型及 ISO 20022 的标准化

随着业务的快速发展，银行客户的金融模型也需要与时俱进，包括持续优化行里的服务模型，以及改进 BOM。另外，全球跨境支付和现金管理业务需要在 2025 年 11 月完成向 ISO 20022 标准的迁移，2025 年 11 月起，SWIFT 社区网络不再支持现有 MT 支付类报文的处理，银行需要系统化地提升报文标准化能力，而不仅仅实现 MT 到 MX 的消息转换。而 BIAN 提供了不断更新的金融数据模型，包括 Party、Agreement、Arrangement 等实体模型和概念分类模型，在服务域层面还提供 BOM、接口规格 Open API 模型，同时 BIAN 在许多服务域的数据结构 Schema 层面与 ISO 20022 进行了关联和对齐。因此借鉴兼容 ISO 20022 的 BIAN 的服务域模型标准，将有助于全面增强银行金融模型能力和报文交换的标准化。

他山之石，可以攻玉。BIAN 组织每年都对模型进行更新和丰富，并举办全球银行业峰会（Summit）进行分享交流。有兴趣的读者可以关注 BIAN 官网，以了解全球银行业务架构的发展趋势，并借鉴 BIAN 领先的服务域模型最佳实践。

王保育

前　言

为什么选择这本书？

自从金融服务业一些有影响力的参与者联合起来，成立了 BIAN 组织，以阻止不断增长的 IT 集成成本以来，已经过去 10 多年了。

经过 BIAN 社区所有成员 10 年的努力，我们将所有知识和见解浓缩进本书的 BIAN 书第一版中。随着 BIAN 的不断发展和完善，BIAN 的图书也在不断发展和完善。因此，迭代出 BIAN 书第二版，即本书。

金融服务行业的参与人员从未有如此激动人心的时刻。无论您是传统参与者、金融科技企业还是技术推动者，新兴技术和改变游戏规则的监管都正在推动该行业中独特机遇的出现。大多数银行通过与快速崛起的金融科技公司合作，探索其技术环境的边界来拥抱这些新挑战。这还为银行带来了一个独特的机会，即可以摆脱现有的、有时非常过时的核心系统，并进入一个由行业标准支持的完全数字化的新世界。

本书涵盖了金融服务行业架构的各个方面，应该支持所有相关人员，帮助他们的组织进入一个真正的数字世界。除了我们最初的面向服务的观点外，作者还加入了我们对企业架构的最新见解，并在快速发展的 API 领域为您提供指导。

我希望您能找到在巅峰时期履行架构角色所需的内容。

祝您享受本书的阅读！

史蒂夫·范怀克（Steve Van Wyk）
BIAN 委员会主席、汇丰银行（前）全球首席信息官

本书介绍

BIAN 组织

金融服务业架构网络（Financial Service Industry Architecture Network，这里指 BIAN）[*]是一个由银行、解决方案提供商、咨询公司、集成商和学术合作机构组成的全球非营利性协会，其共同目标是为金融服务行业定义语义标准，涵盖几乎所有众所周知的架构层[2]。

这本书的读者有哪些？

本书适用于金融服务业中有兴趣在其组织中应用 BIAN 行业标准的企业、业务架构师和解决方案架构师。本书的作者希望读者具备业务知识和 / 或 ICT[3] 的架构原则和方法。

对于那些熟悉 TOGAF 框架的架构师和组织，我们添加了一章，来描述如何将 BIAN 标准应用于 TOGAF 架构开发框架。

如何使用这本书？

为了帮助您理解 BIAN 工件的完整结构，本书将为您提供深入的知识，介绍如何应用标准，以及您如何促使标准满足组织的需求。我们将首先简要介绍

---

[*] 银行业（Banking Industry）的范围小于金融服务业。后者除了包括银行业核心的存、贷、汇金融服务业务外，还包括投资、理财、风险再分配等金融服务活动。——译者注
2　参见附录 B.1 "架构层和各方面"。
3　Information and communication technology，信息和通信技术。

BIAN 组织、它的目标、可交付成果物和未来状态。

由于 BIAN 模型处在不断开发和持续评估中，本书的补充将在 BIAN 官网上公开提供。

BIAN

BIAN 由一些银行和解决方案提供商于 2008 年成立，其共同目标是通过定义金融服务业的语义服务操作标准来解决集成问题。

在之后的阶段，其他标准机构、一些学术合作机构也加入了 BIAN 组织。BIAN 的期望是，通过描述任何银行的一般构成，进行业务功能、服务交互和业务对象的标准定义，从而为行业带来显著的益处。相比于大量的专有设计，这样的行业标准具有以下主要优势。

- 使银行软件解决方案的开发和集成更加高效和有效。
- 将显著降低整体集成成本。
- 提高银行内部和银行之间的运营效率，为银行内部和银行之间的更大解决方案和能力重用提供机会。
- 通过使用开放和标准化的 API，支持当前同更多行业集成和协作的需求。
- 支持采用更灵活的业务服务采购模式，增强本地和云端所共享的第三方业务服务的演进和采用。
- 支持金融科技和监管科技，以轻松洞察复杂的金融服务业的结构。

BIAN 金融行业参考架构的开发是迭代式的，依靠行业参与者的积极贡献来建立共识并鼓励采用标准。BIAN 代表其成员协调 BIAN 金融行业参考架构的演进，定期向行业发布版本，并寻求反馈以不断扩展和完善其内容。

BIAN 服务域图景

BIAN 服务定义工作组负责治理服务域。每个服务定义工作组都有一个相关的业务专业领域。各个工作组在其章程中都定义了其所涵盖的工作范围，这样所有工作组的集合可以涵盖完整的行业地图，并且它们之间没有重叠。在业务专业领域内服务域的治理被分配给了工作组，工作组负责进一步地为其所分配的服务域集合制定初始规格说明并进行任何后续更新。这意味着 BIAN 成员利用组织专家的专业知识推动了 BIAN 标准的内容创建。

BIAN 和开放 API

2018 年，BIAN 推出了开放 API 沙盒环境，其中包含了不断增加的 API 规范描述。这种对所有人开放的环境是真正的开源，鼓励行业增强 BIAN 提供的内容，使其更容易被采用。BIAN API 定义保持与底层模型的一对一一致性关系，我们今天能够直接从我们的仓库中生成 Swagger 定义和微服务代码，以确保获得世界一流的一致性。

我们尽可能与 ISO 20022 定义保持一致，以提高整体可用性。

就在最近，我们用新特性和内容增强了门户网站，使其成为所有进行"开放银行"之旅的人的真正的信息来源。

BIAN 与开放数据

数据作为有效决策的命脉，其重要性日益显著，BIAN 开始开发 BIAN 信息架构或 BIAN 业务对象模型（BIAN Business Object Model，BIAN BOM）。

其目标是开发一个标准的开放金融服务概念数据模型。在可能的情况下，BIAN 与 ISO 20022 和金融业业务本体（Financial Industry Business Ontology，FIBO）等现有标准保持一致。

BIAN 应用特定方法来创建服务域 BOM 图。所有识别出的业务对象及其彼此之间的关系在服务域内和服务域之间是保持一致的。

汉斯·泰塞拉尔（Hans Tesselaar）
BIAN 执行总裁

关于第二版

第二版是 2019 年出版的 BIAN 第一版的完全修订版。

在新版本中 BIAN 框架的理论和原则及其在实践中的应用作为两个独立部分呈现。

语义 API 描述和 BOM 作为 BIAN 标准的最新添加内容,在第二版中有更详细的描述。新版本扩展说明了 BIAN 框架在不同上下文中的应用,并通过许多真实或半真实的案例进行了阐述。

第二版添加了两个主题:新开发的"BIAN 采用之旅"和业务能力模型。

目 录

第一部分

1 BIAN 组织及其金融行业参考架构介绍 ·················· 2

1.1 BIAN 的使命与愿景 ·· 2
- 1.1.1 BIAN ·· 2
- 1.1.2 愿景、使命和服务图景 ··· 3
- 1.1.3 BIAN 的金融行业参考架构 ··································· 3

1.2 金融服务业参考架构的原则 ··································· 4
- 1.2.1 金融业面临的挑战 ··· 5
- 1.2.2 敏捷……银弹？··· 6
- 1.2.3 BIAN 和敏捷架构原则 ··· 8
- 1.2.4 BIAN 正在改变企业架构思维 ······························· 12

1.3 BIAN 标准的定位 ·· 15

1.4 BIAN 组织 ·· 18
- 1.4.1 BIAN 架构如何演进 ··· 18
- 1.4.2 BIAN 框架是一个工具箱 ······································· 19
- 1.4.3 BIAN 的开放数字仓库 ··· 20
- 1.4.4 BIAN 认证 ·· 21
- 1.4.5 BIAN 采用之旅 ·· 22

1.5 自我测试 ·· 24

2 解释 BIAN 架构 25

2.1 BIAN 架构模型的表示法 26

2.2 BIAN 元模型 26
2.2.1 BIAN 元模型的作用 26
2.2.2 BIAN 元模型概述 27

2.3 服务图景 31
2.3.1 业务领域级 34
2.3.2 业务域级 34
2.3.3 服务域级 35
2.3.4 服务图景图 35

2.4 BIAN 服务域 35
2.4.1 功能模式 36
2.4.2 通用工件 38
2.4.3 资产类型 40
2.4.4 服务域表示 41

2.5 BIAN 控制记录和服务域信息概要 41
2.5.1 控制记录 42
2.5.2 行为限定符 43
2.5.3 行为限定符类型 44
2.5.4 服务域控制记录图 46

2.6 BIAN BOM 48
2.6.1 业务对象与业务概念 49
2.6.2 BOM 内容模式 49
2.6.3 BOM 结构模式 51
2.6.4 服务域 BOM 图 52

目 录

    2.6.5 BOM 抽象等级 ·········54

    2.6.6 BOM-ISO 20022 映射 ·········54

2.7 BIAN 服务操作和语义 API ·········55

    2.7.1 服务操作的本质：动作术语 ·········56

    2.7.2 服务操作主体 ·········59

    2.7.3 语义 API ·········60

    2.7.4 Swagger 文件 ·········63

2.8 服务域概览图 ·········64

2.9 BIAN 业务场景和连线图 ·········65

    2.9.1 业务场景 ·········65

    2.9.2 连线图 ·········66

    2.9.3 服务连接 ·········67

2.10 BIAN 业务能力 ·········68

2.11 自我测试 ·········71

第二部分

3 应用 BIAN ·········75

4 BIAN 能做什么：通用能力 ·········78

4.1 BIAN 作为参考框架 ·········78

    4.1.1 通用词汇 ·········79

    4.1.2 通用参考框架 ·········80

    4.1.3 添加特性 ·········81

    4.1.4 组织和利用文档 ·········82

    4.1.5 参考架构的构建块 ·········83

4.2 BIAN 的定制 ·· 84
4.2.1 细化规格和模型 ································ 84
4.2.2 组织特有的参考框架 ··························· 85
4.3 逐步引入 BIAN ····································· 88
4.4 自我测试 ··· 91

5 BIAN 用于整体企业视图 ······························· 92
5.1 定义和架构业务能力 ································· 94
5.1.1 战略业务能力 ··································· 94
5.1.2 服务域用于架构 ································· 95
5.2 构建企业蓝图 ··· 97
5.3 作为参考框架的企业蓝图 ··························· 100
5.3.1 定义和记录战略方向和需求 ··················· 102
5.3.2 绘制和评估向下架构栈的"操作"图景 ········ 102
5.3.3 统一稳定的绩效管理基础 ······················ 104
5.3.4 BIAN 用于投资和变更组合管理 ··············· 105
5.4 证言 ·· 110
5.5 自我测试 ·· 111

6 BIAN 用于业务层 ·· 112
6.1 BIAN 用于业务架构 ································· 113
6.1.1 业务图景的参考框架 ··························· 113
6.1.2 细化组织结构图 ································· 113
6.1.3 绘制和评估业务图景 ··························· 113
6.1.4 治理业务架构 ··································· 116

6.1.5 参考业务架构的构建块和原则 ······ 119

6.2 BIAN 用于业务投资和变更组合 ······ 122
6.2.1 支持并购 ······ 122
6.2.2 业务变更组合 ······ 123

6.3 BIAN 用于业务设计 ······ 123
6.3.1 BIAN 用于业务流程管理 ······ 123
6.3.2 BIAN 用于业务需求分析 ······ 125

6.4 自我测试 ······ 129

7 BIAN 用于应用层 ······ 131

7.1 BIAN 用于应用架构 ······ 132
7.1.1 应用图景的参考框架 ······ 132
7.1.2 绘制和评估应用图景的覆盖范围 ······ 133
7.1.3 实用程序与服务域对比 ······ 136
7.1.4 应用架构治理 ······ 136
7.1.5 参考应用架构的构建块和原则 ······ 138
7.1.6 评估和改善应用图景 ······ 141

7.2 链接技术图景到服务域 ······ 146

7.3 BIAN 用于应用投资和变更组合 ······ 147

7.4 BIAN 用于应用系统 ······ 148
7.4.1 端到端解决方案架构 ······ 148
7.4.2 创建"系统" ······ 150

7.5 BIAN 和应用架构风格 ······ 154

7.6 自我测试 ··· 157

8 BIAN 用于信息和数据 ··· 159

8.1 定制 BIAN BOM ··· 160

8.2 BIAN BOM 用于信息和数据架构 ····································· 163

    8.2.1 信息和数据图景的参考框架 ·· 163

    8.2.2 评估和改进数据图景 ·· 164

    8.2.3 商业智能 BI 环境辅助 ··· 167

    8.2.4 BOM 用于信息分类 ··· 167

    8.2.5 与数据技术的链接 ·· 168

8.3 信息和数据投资与变更组合的业务用例 ······························· 168

8.4 BIAN 用于系统级的信息和数据 ······································· 168

8.5 自我测试 ··· 170

9 BIAN 用于互操作性 ·· 171

9.1 BIAN 作为组织应用服务组合的参考框架 ······························ 172

    9.1.1 服务域／服务操作参考框架 ·· 172

    9.1.2 组织应用服务目录 ·· 173

9.2 BIAN 支持的应用服务图景管理 ······································· 175

    9.2.1 指导应用服务的使用 ·· 176

    9.2.2 评估和改进应用服务图景 ·· 176

    9.2.3 变更和迁移应用服务图景 ·· 178

9.3 BIAN 用于面向未来的 API ··· 180

    9.3.1 划定服务中心和服务 ·· 181

    9.3.2 精化 API 规范 ·· 183

9.4 证言 ··· 185

9.5 自我测试 ··· 186

第三部分

10 BIAN 和 TOGAF ··· 190

10.1 TOGAF 简介 ··· 190

10.2 BIAN 和 ADM 阶段 ··· 196

10.2.1 预备阶段 ··· 196

10.2.2 阶段 A：架构愿景 ······································· 197

10.2.3 阶段 B：业务架构 ······································· 197

10.2.4 阶段 C：信息系统架构 ·································· 198

10.2.4 阶段 D：技术架构 ······································· 198

10.2.5 阶段 E：机遇和解决方案 ······························· 198

10.2.6 阶段 F：迁移规划 ······································· 199

10.2.7 阶段 G：实施治理 ······································· 199

10.2.8 阶段 H：架构变更管理 ·································· 199

10.2.9 需求管理 ·· 199

10.3 自我测试 ··· 199

11 与其他标准的协同 ·· 201

11.1 ISO 20022 ··· 201

11.2 OMG 和 EDM 理事会 ·· 202

11.3 业务架构公会® ·· 202

11.4 自我测试 ·· 202

附录

附录 A：BIAN 采用之旅 204

A.1 第 1 阶段：评估 BIAN 204

A.2 第 2 阶段：构建试点案例 205

A.3 第 3 阶段：开展 BIAN 试点 206

A.4 第 4 阶段：采用 BIAN 207

A.5 第 5 阶段：发展架构实践 208

A.6 第 6 阶段：使用 BIAN 实现收益 209

附录 B：术语和概念 210

B.1 架构层和各方面 210

B.2 架构的变焦级别 211

B.3 术语和缩写 213

附录 C：自我测试问题答案 217

附录 D：文献和来源 222

索引 224

第一部分
BIAN 及其面向金融行业的参考架构介绍

可以期待什么

本书的第一部分旨在让您建立对 BIAN 框架的理解。

这需要实现以下两个目标。

第一,读者应该了解 BIAN 作为金融行业参考架构所基于的哲学,以及用于创建基本、相互独立且完全穷尽(mutually exclusive, collectively exhaustive, MECE)的构建块的结构,这个结构涵盖了技术和组织。第二,读者将大致了解到为促进该架构被采用,BIAN 必须提供的内容。BIAN 的框架是一个工具箱,将支持金融机构迈向敏捷架构之旅,而 BIAN 的金融行业参考架构是该框架的核心。

处于管理岗位的读者以及业务和应用架构师需要了解 BIAN 参考架构的独特特征以及支持 BIAN 采用的工具箱,这些特征让 BIAN 可以区别于其他标准。

业务和应用架构师需要充分理解的原则:架构是基于其构成的构建块以及这些构建块类型的。

1 BIAN 组织及其金融行业参考架构介绍

本章介绍 BIAN 组织及其金融行业的参考架构，以及 BIAN 如何支持金融机构采用和应用其框架。

BIAN 为金融业提供了一个参考架构，以实现其使命和愿景（第 1.1 节）。

技术和监管法规正推动金融生态发生巨大变化，为了在这个充满挑战的时代生存，银行需要提供业务敏捷所需的敏捷系统。BIAN 的参考架构基于敏捷原则，支持金融机构制定和迁移到其所必需的敏捷性架构（第 1.2 节）。

与其他标准相比，BIAN 参考架构的特性使其具有独特的定位（第 1.3 节）。BIAN 符合所有相关标准。它有雄心在不同的银行标准和监管法规之间提供一种"通用语言"。

BIAN 组织（第 1.4 节）提供了一个框架，包括其参考架构及支持个人和组织采用其参考架构的出版物、培训和认证计划。该框架通过其成员的共同创造，在 BIAN 的协调下不断发展，并密切联系金融行业的现实。

1.1 BIAN 的使命与愿景

BIAN 组织的创建是为了支持金融机构在企业和解决方案级别迈向敏捷银行架构之旅。

BIAN 是"银行业架构网络"的简称，它提供了一个银行业参考架构框架，该框架能推动银行成为具备适应性并运用敏捷企业架构原则的金融机构。

1.1.1 BIAN

金融服务业架构网络（即 BIAN）是一个由银行、解决方案提供商、咨询公司、集成商和学术合作机构组成的全球非营利性组织，其共同目标是为金融服务业定义语义标准，涵盖几乎所有众所周知的架构层。

BIAN 由一群银行和解决方案提供商于 2008 年成立，其共同目标是通过定义金融服务业的语义服务操作标准来解决集成问题。在稍后阶段，其他标准机构如 ISO 和 FDX，以及一些学术合作机构也加入了 BIAN。

BIAN 协会致力于通过改进金融服务系统与基于服务的架构的集成来提高金融服务系统的灵活性和敏捷性实现。

1.1.2 愿景、使命和服务图景

BIAN 的愿景和期望是，通过描述任何银行的一般构成，进行业务功能、服务交互和业务对象的标准定义，从而为整个行业带来显著的益处。

银行业 ICT 的核心目标是提供灵活性，降低银行的 ICT 和运营成本，帮助银行降低风险，抓住与技术创新相关的机遇。

BIAN 的使命是为世界提供最好的银行架构框架和银行标准。BIAN 为持续创新提供了值得信赖的路线图。

BIAN 协会的目标是开发互操作性中最重要的内容、概念和方法，以实现降低金融服务业集成成本的目标，并通过以下方式促进业务创新和敏捷性实现。

- 通过采用现有市场标准并与之保持一致，为可持续运营模式提供一个包含所有必要要素、工具和方法的架构框架。
- 关注语义服务和 / 或 API 的定义，以改善金融服务图景内的语义集成。
- 使金融服务业能够成功地开发和运行松散耦合的环境。
- 获得 BIAN 协会成员和业界对由金融机构和解决方案供应商实现需求方式的认可，从而使定义的服务成为金融服务业的事实标准。

1.1.3 BIAN 的金融行业参考架构

BIAN 参考架构是构成其行业标准的架构工件的集合。BIAN 参考架构中的主要基本构建块称为**服务域**。

BIAN 服务域定义了金融服务所特有的语义服务。服务域是实现敏捷的灵活

性的基石。

BIAN 的**服务图景**是一个术语，用于指代银行业内定义了功能能力构建块的服务域的集合。

BIAN 的价值在于从行业最佳实践中精心挑选出架构元素，精心起草这些架构元素，并标准化它们的功能服务。

BIAN 协会的雄心是在金融服务业的领先银行和提供商之间就服务定义达成共识，这会在适当的时候形成标准化服务。

相比于越来越多的专有设计，像 BIAN 这样专注于行业的标准具有以下主要优势。

- 由全球行业专家创建。
- 根据市场发展和行业需求定期更新。
- 使银行内部和银行间软件解决方案的开发和集成更加高效和有效。
- 显著降低整体集成成本。
- 提高银行内部和银行之间的运营效率，为银行内部和银行之间的更大解决方案和能力重用提供机会。
- 通过使用（开放）API，支持当前同更多行业集成和协作的需求。
- 支持采用更灵活的业务服务采购模式，促进共享第三方业务服务的演进和采用。
- 它支持金融科技和监管科技，以轻松洞察复杂的金融服务业结构。

银行可以使用 BIAN 来定义银行所特有的敏捷架构，支持金融业生态参与者之间信息和信息服务的互操作性。BIAN 还可用于优化组织内信息和信息服务的互操作性。

1.2 金融服务业参考架构的原则

金融业，包括银行、实体信贷机构、养老金和不动产管理公司，是世界上数字化程度最高的行业之一。数字化正在快速发展和变化，金融生态系统也是如此。金融机构需要支持在开放的金融生态中进行敏捷的数字化转型。提供这种支持是 BIAN 的愿景和使命。

1.2.1 金融业面临的挑战

金融业处在变化中

整个行业正面临着历史上最具挑战性的演变，这种变化发生得比以往任何时候都快。颠覆性技术正在以微小但特别的方式改变消费者的生活。今天，虚拟助手安排预约，而智能手表监控我们的睡眠模式，语音命令技术关闭我们家庭的灯光。

银行业需要充分参与这一演变。技术的进步增加了银行消费者通过全渠道访问银行服务的需求，也提供了满足客户需求的更便捷的解决方案。最重要的是，行业也意识到正在酝酿的新颠覆将在未来几年里再次改变行业。

改变场景的不仅仅是技术。新监管法规正在极大地改变竞争环境。它们迫使金融机构向第三方提供商（Third Party Provider，TPP）披露财务信息，为新参与者提供金融服务，并促进金融科技公司和监管科技公司在金融领域的竞争。监管法规还规定了保护个人相关数据的安全要求。

在 2008 年全球金融危机之后，监管机构要求进行全面的财务和风险报告，包括数据血缘要求。

除了上述驱动因素外，新冠疫情造成的不可预见的中断极大地影响了我们行业所有相关方的行为。我们正在从现金转向无现金，从面对面转向虚拟。这一切都对技术提出了额外的要求，因此也对架构提出了额外的要求。

在新冠疫情、监管法规、监管科技和金融科技公司的推动下，通过开放关联数据和开放银行 API 实现金融数据和服务之间的互操作性正迅速成为创建创新金融服务不可或缺的需求。它促进了所有类型的客户旅程，从买面包到买房，从上下班到计划休闲或商务旅行，在每一个需要金融和可信服务以及需要信任的旅程中，银行都在寻求成为首选合作伙伴。

为了在这个不断变化的金融生态中保持首选合作伙伴的地位，金融机构需要以信息为导向，在合适的时间、合适的地点，引入合适的参与方，拥有合适且合格的数据，信息要来自于可信的事实源。下一个最佳报价、特定上下文的报价、风险概况……基于金融行业独有的数据，帮助金融机构做出明智的决策，并继续担任帮助客户做出明智决策的值得信赖的合作伙伴。

金融信息需求和金融服务正在高速变化，金融生态也正在快速持续变化。这需要一种具备适应性和敏捷性的银行业务。对新监管法规、服务要求、新市场参与者和利益相关方的适应性也进一步推动了金融世界的速度和动态发展。

金融业服务和数据必须变得更加透明、安全和开放。金融服务需要量身定制并无缝地融入消费者的生活，由 AI 系统在现场产生信息，并在合适的时间、合适的地点提供给合适的人。

金融机构与其他生态参与方合作，提供超越银行业务的服务。金融行业将在超网络化、面向服务的开放 API 经济中提供服务，其中多个生态参与方参与协作，以满足客户的金融需求。

在这个不断变化的生态系统中，金融机构希望保持"金融服务和客户资产的可信托管人[1]角色。

遗留复杂性

金融机构是最早实现业务自动化的机构之一，现在是数字化程度最高的服务提供商之一。它们拥有普遍但往往复杂的传统 ICT 平台，在功能和数据上存在大量的重复。单体系统，烟囱系统，通过与众多接口适配器进行着点对点连接——这些遗留系统是及时、经济、高效地应对市场和生态变化的障碍。它们的复杂性导致系统不灵活，响应不灵敏，膨胀式增强，维护和运营成本增加，以及无法快速利用先进的解决方案、技术、方法和业务模型。为了在一个数字化投资高、利润率低的行业中生存，金融机构正在寻求降低这些 ICT 平台的集成和互操作性成本，同时能够非常快速地应对变化。

1.2.2　敏捷……银弹？

传统意义上通过一个大的瀑布项目将当前状态转变为新的未来状态，从而实现大转型项目的方式已经行不通了。当前状态在持续变化，未来状态是一个移动

---

[1] 可以扩展到包括数字身份。

的目标。大变革计划在交付结果方面太慢,需要各级组织的持续改进、转型和变革能力。如图 1-1 所示。

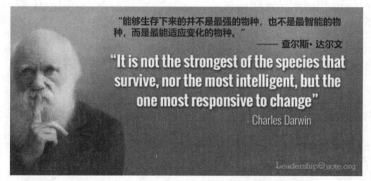

图 1-1　达尔文的理论 [2] 也适用于金融生态系统

此外,专注于技术解决方案架构的传统企业架构方法已不足以满足当今金融机构的需求。当今的企业架构师要负责为业务和运营模型赋智,负责找到帮助企业使用数据、分析数据的方法,以及利用 AI 进行规划、跟踪和管理数字业务投资的方法。

金融机构正在通过共同创造寻找更好、更快速的软件开发的方法,即内部开发与外包开发和第三方软件解决方案相结合的方式。

BIAN 为金融行业提供了参考架构,支持传统平台的逐步转型,快速响应不断变化的需求,以及支持同合作伙伴的合作。

BIAN 提供了一种敏捷性的架构。然而,敏捷并不等于"执行 Scrum"。

"**敏捷性是一个实体的持续行为或能力,它表现出灵活性,可以快速适应预期或意外的变化,遵循最短的时间跨度,并在动态环境中使用经济、简单和优质的工具。**" [3]

此高阶定义至少适用于敏捷性的以下三个主要领域。

- **系统敏捷性**:组织运营(业务和 ICT 运营)的敏捷性。
- **流程敏捷性**:在开发和变更过程中保持敏捷。
- **业务敏捷性**:基于金融机构的流程和系统敏捷性,将敏捷性作为战略重点。

2　这幅图中的引文据说来自于达尔文,但没有切实的证据。
3　Qumer & Henderson-Sellers, 2008.

为了适应快速变化的环境，金融机构需要在企业级提供敏捷的银行架构。BIAN通过敏捷的企业架构支持金融机构的系统敏捷性。与银行的流程敏捷性一起，这可以实现所需的业务敏捷性。

1.2.3　BIAN 和敏捷架构原则

BIAN 的金融行业参考架构是根据敏捷原则开发的。

关注点分离

复杂的系统可以拆解为一些基本且不重叠的责任集合。这些责任领域可以分层[4]并基于能力[5]进行定义。这些能力就是将功能集中于其中的组件。

这可确保更改的影响尽可能保持在本地。此外，只有数量有限的人需要参与到相关变更决策中。

松耦合

由分离关注点识别出来的组件，如果它们之间的依赖关系数量较少，它们就是松耦合的。每个组件都将通过提供服务来履行其职责，且对其他组件服务的依赖最小。功能和数据具有高度的内聚性，这有助于分析和理解组件自身。

变更保留在组件中，并避免变更在整个系统中传播。

可重用性

如果组件可以在多种情况下使用，并且独立于端到端流程的状态，则它们是可重用的。如果元素可以很容易地从其上下文中抽取出来并插入其他地方，则可以促进元素的可重用性。独立性和可重用性是组件设计的目标，这是一个战略选择，它要求对组件之间的连接使用通用标准，例如通用词汇表、通用数据、通用服务定义和通用文档结构。

可封装性

如果每个组件都有自己的内部数据结构和流程定义来实现其所提供的服务，则组件是可封装的。组件的服务通过明确定义的接口提供给环境，这些接口从服务请求者的易用性角度出发，隐藏了其内部复杂性。

4　分层是指战略、业务、应用、数据和技术职责的分离。
5　组织、个人或系统拥有的能力（TOGAF 9.2 版本）。

1 BIAN组织及其金融行业参考架构介绍

互操作性

组件间交换信息和功能服务,就好像组件之间没有边界一样。一个信息系统、业务功能或其他元素通过使用基于明确定义的接口标准[6]连接到其余架构图景的部分,并通过指定服务级别协议(service level arrangement,SLA)的契约进行设计。

因此,新的或变更的业务流程都可以编排组装此类组件。

面向服务

组件相互间提供服务。业务职能部门提供并使用内部和/或外部业务服务。在数字化世界中,业务服务由使用内部和/或外部服务的应用提供(图1-2)[7]。不允许直接访问数据,必须通过服务发起请求。

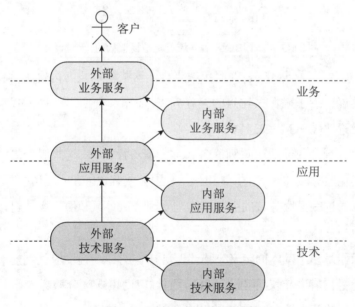

图1-2 面向服务的分层视图

面向服务的优点是,当有人需要信息时,不需要了解数据的内部结构和实现服务的内部流程,内部结构的变更对服务用户隐藏。

---

6 此类标准的例子有:支付——ISO 20022标准;金融产品定义——ISO/TC 68;会计——国际会计准则IAS;参与方相关信息——GDPR;财务数据访问授权——PSD2;安全——ISO 27001。
7 内部服务在同一层内交换,例如A2A(application to application,应用到应用)。外部服务支持更高层或者业务层的人员(例如客户)。

BIAN 的参考架构为敏捷架构提供了构建块

金融行业的 BIAN 参考架构符合上述所有敏捷原则。在本节中，我们概述了 BIAN 架构中最重要的构建块概念，以及它们如何且为什么能支持敏捷架构。第 2 章阐述了 BIAN 架构的概念和结构。

服务域是 BIAN 架构的核心概念，符合敏捷架构构建块的所有标准（图 1-3）。

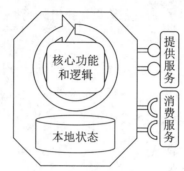

图 1-3　一个 BIAN 服务域就是敏捷架构的一个组件

BIAN 提供了一个 MECE 的服务域集合，这些基本能力构建块一起覆盖了银行所有的功能。为了确保关注点的充分分离，BIAN 使用了一种模式来满足这些构建块的元素性质和 MECE 特质。

每个服务域都封装成一系列服务（称为服务操作），这些服务提供服务域的功能并向其他服务域和环境 [其他组织（B2B）或客户（B2C）] 提供信息。任何功能都可以通过编排服务域的服务操作来实现。服务域和服务操作可以在任意的业务流程中被重用。

服务操作是相当基本的定义。描述服务操作的详细程度应达到能清楚地说明其提供的服务内容（定义为语义 API）。通过应用模式区分服务操作并描述服务操作，以确保其基本性和 MECE 特征。

服务域和服务操作[8]——像所有 BIAN 可交付物一样——都是在语义层面上定义的，即它们描述了基本业务责任所包含的内容，而不包括如何及以什么方式实现。BIAN 选择保持实施和技术不可知性，因为这确保了其在任何环境中的适

---

[8] BIAN 使用 REST 样式来描述服务操作的细节。然而，这是一个语义层面的定义。即使可以生成 Swagger 文件，也没有关于需要用于实现基于 BIAN 的应用服务的技术规定。

用性和随着时间推移的稳定性。

其所需的功能和信息构建块在金融机构之间是通用的,并且随着时间的推移保持相当稳定。但它们的组合方式对每个机构都是独特的,而且实现的手段在以越来越快的速度变化。

服务域(组)及其服务操作可用于编排业务流程和界定应用组件及其应用服务。以这种方式设计的应用组件可被根据相同界限设计的其他组件替换。变更的影响[9]将局限在靠近服务交互的区域。

每个服务域负责自己的信息,BIAN 的信息构建块视图定义这些信息。BIAN BOM 是所有服务域信息需求的整合,是对这些业务对象的建模。应用特定的基于模式的方法可确保 BIAN BOM 的结构以及术语和定义独立于使用信息的上下文。这些模式还确保了 BIAN BOM 的一致性。

BIAN 的参考架构可实现简单性

敏捷的最终原则是简单,而不是复杂。使用 BIAN 参考架构可实现(向)简单性迁移。

系统之间的复杂性是由它们之间的许多点对点连接造成的,系统内的复杂性是将过多的功能集中在系统内而造成的[10]。在确定组件的责任范围时,控制系统内部的复杂性与系统之间的互操作性需求之间的平衡是一个挑战。

BIAN 使用模式来确保组件的充分分界,即提供基本的构建块。银行在定义其系统时不需要与这个基本级别保持一致,但可以利用 BIAN 的"构建块盒子"概念支持对集中功能的优化。

这些基于 BIAN 的系统将提供基于 BIAN 的服务,这些服务应该在许多上下文中可被重用[11],形成有序的业务和应用服务图景。

在业务运营和 / 或应用平台中设计和实施变更之前,有必要深入了解当前现状的复杂性。由于存在众多依赖关系,复杂环境下的变更会非常危险。本地的变化可能会产生许多不可预见的全局副作用,有时会在意想不到的地方出现,这需

---

9 功能影响,即不是技术影响。
10 众所周知,功能增加 25% 会使系统的复杂性增加一倍(Cynthia Rettig 分析,Rettig C.,2007)。
11 如第 8 章所述,是对非功能性需求的抽象。

要进行广泛的测试。

业务能力和应用系统的结构通常无法对应,例如,需要同时服务于商业前端和管理后台的单体系统。因此,它们有着完全不同的灵活性需求,例如商业前端要快速甚至迭代地创建新产品,而后台则需要稳定性。

复杂的系统也使决策过程复杂化,许多人和/或组织单位都对该系统存在需求,这会对变更的上线时间产生负面影响。

BIAN 服务图景和 BIAN BOM 可用作参考框架,用以识别和跟踪在业务和应用级别实现的功能、服务和信息。这有助于深入理解当前现状,并指导系统的拆解,逐步向所需状态过渡,即实现符合简单原则的理想状态。这种目标状态,使得例如需要稳定性的后台和需要灵活性、面向客户的渠道应用能够按照自己的节奏和风险状况发展。这种目标状态,可将变更的影响限制在仅需要更改的地方。

1.2.4 BIAN 正在改变企业架构思维

BIAN 架构的本质有助于金融机构从流程思维转向松耦合的组件和面向服务的思维。

通过合理的业务架构定义来提升应用架构图景是金融行业的一种行之有效的方法。然而,看起来大量的架构工作很难解决过于复杂、缺乏响应的应用组合的问题。

BIAN 协会的成立正是为了解决这个问题。BIAN 通过开发一个通用的行业标准来定义功能分区和服务操作,并且可以被任何金融机构采用,促使其演进到一种敏捷的架构,产生如第 1.1.2 小节中所列举的好处。

BIAN 协会的目标是解决一个关键问题:为什么 BIAN 模型和方法在解决应用组合和互操作性复杂性方面比其他模型和方法更能成功?

BIAN 协会的核心主张是采用以能力为导向的方法来架构并支持金融机构的业务和 ICT 系统。这种方法与流行的"以流程为中心"的设计思路有着根本的不同。为了突出这一关键差异,可以将设计高度有形的城市布局的建筑学同设计无形的金融机构企业架构做类比(图 1-4)。

1 BIAN组织及其金融行业参考架构介绍

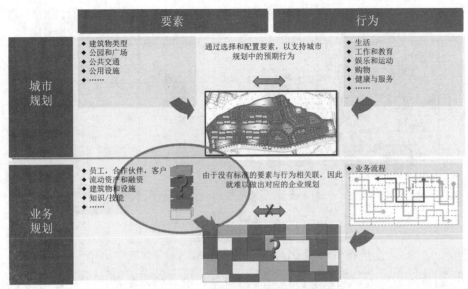

图1-4 企业架构与城市规划比较

任何架构和设计都结合了两个视角：架构要基于的要素和架构要支持的行为。

要素同要部署的静态或持久事物相关，而行为是对预期事件或触发器触发所期望得到的响应，其具有更动态的模式。一个架构师需要理解如何配置要素以支持预期行为，并基于此做整体设计。

就城市规划师而言，这种架构设计是一种城市规划。例如，城市规划中看到的要素是不同用途的建筑物（如住宅、商店、剧院）、开放空间（公园）、通信基础设施和公用事业（如水、电等），这些建筑需要就位以支持城镇居民的预期行为（如生活、购物、工作、不同类型的娱乐……）。

每个城市的要素是相同的，但其居民的预期行为可能不同。因此，城市规划将根据当地情况而有所不同。城市规划是城市实际（当前）和期望（目标）布局的静态视图，也需要以高效和有效的方式支持任何期望的城市旅程（图1-5）。

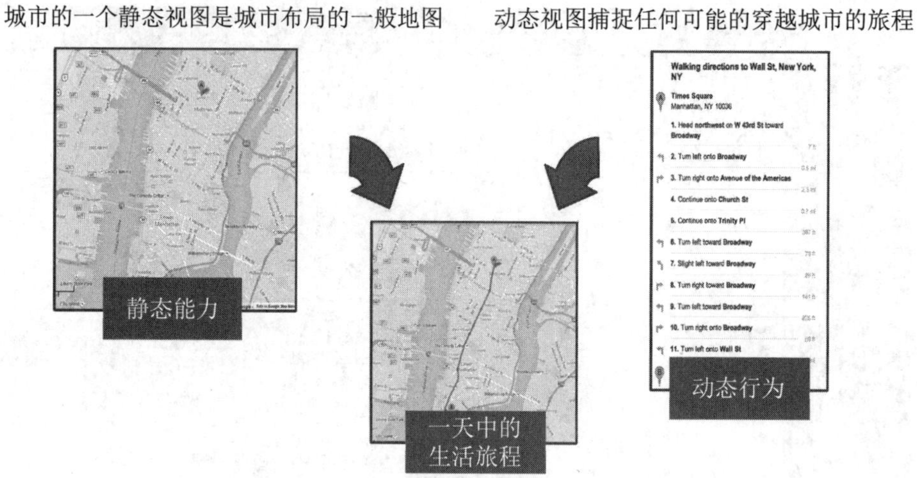
城市的一个静态视图是城市布局的一般地图
动态视图捕捉任何可能的穿越城市的旅程
静态能力
Walking directions to Wall St, New York, NY
动态行为
一天中的
生活旅程

图 1-5　精心设计的城市规划可以支持任何旅程

城市的公用事业和基础设施要素提供了标准化的连接接口。未来的城市规划和这些标准使设计新建筑的建筑师能够在对接可用的基础设施和公用事业中受益，同时使实际的城市规划更接近期望的状态。

将城市规划师和建筑师所实践的城市规划和建筑设计与银行企业架构师和解决方案架构师的工作进行比较，揭示了银行架构师工具库中的重要缺陷。

构成银行的要素不是建筑物和道路等有形的东西，而是银行必须建立的无形能力。建模为城市旅程的行为则是银行支持的业务流程。银行业的架构师在建模流程方面拥有丰富的经验。对于业务和应用架构师来说，关键问题是定义他们应该选择和配置的通用能力构建块，以创建与银行“城市规划”等效的构建块，这些功能可以以不同的组合和顺序支持那些他们更熟悉的流程。

缺乏可供治理用的城市规划，城市建筑会变成棚户区——建筑物和道路只有在需要时才被修建或铺设，有污水，水和电力供应不足，随着时间的推移，混乱不可避免。

如果缺乏业务的“城市规划”，就像如今，系统只为满足流程的即刻需求而构建，这最终将导致同样不可避免的混乱，即会出现功能重复和冗余的应用，同时也会缺少一些功能。

应用复杂性问题要比重合应用的明显冗余问题来得更棘手。当应用需要交互时，复杂性问题会大大加剧。每个应用都有其特定的范围和边界，并且每个点对点连接都是独特的。随着应用组合增长到数百个相互重叠的系统,添加或增强任何系统都需要小心地跟踪高度复杂的依赖关系就不奇怪了。

BIAN 标准的功能分区定义了相互离散的不重合的功能。BIAN 服务图景旨在确定可能构成任何银行的所有可能的基本业务功能。使用 BIAN 分区组装的银行蓝图创建了与城市规划相同的架构蓝图——消除了构建块的重合并定义了它们之间的标准连接。

通过采用 BIAN 标准,银行架构师将获得要素和标准连接的清单,这将使他们能够逐步合理化银行的应用组合,消除冗余和相关的操作复杂性(图1-6)。

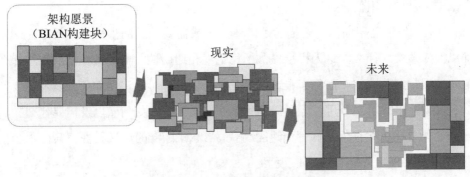

图 1-6 迁移到架构良好的应用图景

本书的第二部分(第 4 章到第 9 章)详细介绍了 BIAN 架构支持制定并迁移到敏捷、面向服务架构(service-oriented architecture,SOA)的能力,阐述了银行如何逐步采用基于服务的方法,特别是针对那些现有复杂性对业务限制最大的领域,或者最需要更灵活、更迅速响应业务的系统来利用新的业务机会的领域。

1.3 BIAN 标准的定位

BIAN 为金融行业提供了世界领先的参考架构。它提供了业务功能、服务交互和业务对象[12]的定义,描述了任何银行的一般构成。这些可交付物被定位为

---

12 BIAN 也提供其他可交付物,以支持金融机构迈向敏捷架构。然而,这些并没有被定位为标准。它们是一些典型的例子,从中可以获得灵感。

世界领先的标准，可以充当金融行业其他标准与该行业监管法规之间的"连接枢纽"。

BIAN 关注内容。它使用两种**符号**标准来记录其可交付物：ArchiMate® 和 UML 标准。关于 BIAN 如何做到这一点，会在第 2.1 节中进行了解释。BIAN 不提供在制定和维护一个架构时如何使用其可交付物的**方法**。BIAN 协会和 The Open Group 发表了几篇关于如何在 TOGAF 框架中使用 BIAN 可交付物的论文。由于 TOGAF 框架和 BIAN 标准的联合运用是可协同的，这也为 BIAN 可交付物的采用提供了额外的动力。第 10 章给出了 BIAN 可交付物在 TOGAF® 架构开发方法中可发挥作用的总结。

BIAN 是语义层面的。它描述了需要发生或需要知道的事情，而不是**应该如何**以及应该实现**什么**。这为标准提供了稳定性和通用性。需要做什么或知道什么是每家银行的共同点，而每家银行或第三方提供商都可以决定如何做以及需要什么去实现。多亏了当今可以运用的各种革新的技术，在如何做以及需要什么去做上的变化要比以往任何时候都演进得更快。BIAN 标准的语义天性使其可用于指导和指引 B2B 和 A2A 的服务交互。

BIAN 是完全穷尽的。它涵盖了银行活动的所有领域，包括业务功能、信息和互操作性。BIAN 在高阶抽象（**架构**）层级和更细节（**设计**）层级上都可以起作用。

金融行业的大多数标准仅涵盖部分领域。适用于金融行业的监管法规通常也适用于特定领域。每个标准和监管法规都使用自己的概念和术语。

在金融服务标准和监管机构领域，BIAN 具有独特的地位。它不仅涵盖了金融业的所有方面，还采用一种特定的方法来识别、定义和命名独立于上下文的银行概念（在第 2.6 节中会解释）。这使得 BIAN 词汇可以用作通用语言，以连接和理解不同标准和监管法规中使用的术语和定义的含义。因此，BIAN 可以帮助银行遵从各标准和监管法规。图 1-7 说明了金融生态中涉及的众多监管法规和标准。

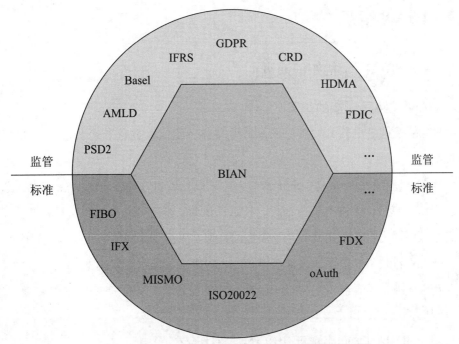

图 1-7 BIAN 作为其他标准和监管法规之间的通用语言

BIAN 协会与许多其他标准机构有着牢固的工作关系。第 11.1 节和第 11.2 节描述了其与 ISO 20022、OMG 和 EDM 委员会以及业务架构公会（Business Architecture Guild）的工作关系。BIAN 不想重复发明轮子。对于每个服务域，BIAN 都寻求与最适合该服务域的标准保持一致。

在 2018 年至 2021 年期间，BIAN 协会非常重视 API 规范的标准化，同时扩展和详细化了逻辑数据模型。其当务之急是用最详细的内容来丰富 BIAN 服务图景，这样 BIAN 就可被用作金融服务行业的参考模型，并成为事实上的标准。这被视为对 BIAN 内容工作的横向扩展。

解决金融服务软件集成问题和确保跨供应商的标准化，需要关注服务的语义和属性定义，因此，BIAN 详细阐述了金融服务业务词汇表，并将其作为 BIAN BOM 的组成部分。

1.4 BIAN 组织

1.4.1 BIAN 架构如何演进

BIAN 是共同创造的结果

BIAN 架构是迭代开发的，依靠行业参与者的积极贡献来建立共识并鼓励采用标准。

BIAN 汇集了银行架构中最优秀的人才，以开放的方式在全球生态的领先银行中协作和分享最佳专业知识。银行、技术提供商、金融科技公司、监管科技公司、学者和顾问通力合作，定义一个革命性的框架，以标准化和简化整体银行架构。

BIAN 创建了一个全球银行可以 100% 依赖的最佳实践架构。

BIAN 协会代表其成员协调 BIAN 架构的发展，定期发布新版本，并寻求反馈以帮助持续扩展和完善其内容。

最新的 BIAN 成员名单可以 BIAN 官网上查看。

BIAN 工作组负责治理特定专业领域，例如，每个服务定义工作组负责一组服务域。各个工作组所负责的范围在其章程中进行界定，以便工作组可以共同覆盖整个服务图景，并且没有任务重叠。

BIAN 鼓励成员通过使用 BIAN Wiki 或通过他们的代表向架构委员会、架构框架和基金会工作组提供反馈，也欢迎不是成员人士使用 BIAN 网站发布他们的建议。

BIAN 验证和批准程序

BIAN 架构是迭代开发的。验证和批准过程如图 1-8 所示。

新的或变更的 BIAN 规范的请求将被发送给架构委员会。如果有一个活跃的工作组负责该专业领域，该工作组将接受该请求；如果没有，则设立一个新的工作组。一个工作组应至少有两家银行作为参与者。工作组编写工作组章程，阐明其责任和预期成果，并由 BIAN 董事会批准。

工作组定义并提出新的或更新的规范。项目经理可以将这些更新放在一个批次进行正式审查。新的或更新的规范被提交给架构委员会以征求意见。该委员会要么接受提案，要么要求更改或澄清。一旦完成这些程序并达成一致，架构委员会就可以签发，将这些变更包含在下一个版本发布。BIAN 董事会对版本具有审查和发布权限。

1 BIAN组织及其金融行业参考架构介绍

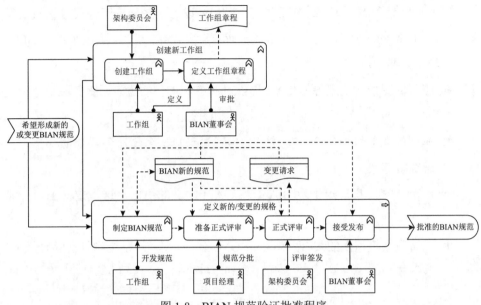

图1-8 BIAN规范验证批准程序

1.4.2 BIAN框架是一个工具箱

成为金融服务业的参考架构是BIAN的核心价值主张。但BIAN框架远不止于此：它提供了一个完整的工具箱，支持架构师（来自于银行、供应商、金融科技公司等）理解和应用BIAN参考架构。

图1-9描述了BIAN工具箱。

图1-9 创建敏捷银行架构的BIAN工具箱

BIAN 的参考架构通过架构工件集合得到描述，这些架构工件集合构成其行业标准。BIAN 的工具箱包含一个数字仓库（第 1.4.3 小节），涵盖了以下 BIAN 参考架构的各要素。

- 服务域图景（或服务图景），提供对服务域集合的访问。服务域是金融业的功能能力构建块，也是 BIAN 标准的核心要素。
- 典型的业务场景集合，描述了如何通过编排服务域服务操作的交互，实现金融行业所需的任何功能。
- 一个 API 门户，提供对 BIAN 语义 API 定义的访问，这些定义的目标是成为标准。
- 逻辑数据模型图的集合，BIAN BOM 上的视图（这是金融行业的"规范"数据模型）。
- 典型业务能力的集合。

BIAN 已成为开放、面向服务的银行架构参考标准。它建立在 BIAN 元模型上，BIAN 元模型中定义和记录了其完备的分析和设计模式。

BIAN 网站上提供的白皮书和实施指南有助于架构师和供应商使用 BIAN。出于不同目的积极使用 BIAN 的成员，可以在网络研讨会上分享他们的经验，这些经验也可以作为 BIAN 工具箱的一部分来提供。本书会对这些信息进行概述。

BIAN 为架构师开发了一种培训和认证方法，并正在为产品和组织制定认证方法（第 1.4.4 小节）。

BIAN 发布了在金融机构中采用 BIAN 框架的典型方法（第 1.4.5 小节）。

1.4.3　BIAN 的开放数字仓库

BIAN 参考架构通过两个主要信息门户提供。大多数 BIAN 模型元素、工件和图表都发布在数字仓库中。在撰写本文时，可以通过 BIAN 官网访问仓库。

入口页面如图 1-10 所示。

图 1-10　BIAN 数字仓库（版本 9）的入口页面

BIAN 语义 API 发布在 BIAN API 门户上。在撰写本书时，可以通过 BIAN 官网访问。

数字仓库入口页面上的 "BIAN 元模型" 框显示了 BIAN 元模型。如第 2.2 节所述，元模型定义了如何对 BIAN 架构进行建模以及如何在数字仓库中管理和存储模型。在数字仓库中它还定义了数字仓库同 API 门户之间的导航路径。

单击其他框可访问图表，图表中的模型元素还包含可以导航到更多图表或模型元素及其说明的链接。在第 2 章中，我们解释了 BIAN 模型元素和图是用 ArchiMate 或 UML 语言表示的。但是，模型元素本身仅记录一次，两种模型语言都有相同的概念。仓库允许在所有表示之间进行导航。

BIAN 网站上提供了解释和说明导航的视频。

1.4.4　BIAN 认证

BIAN 成员和使用 BIAN 标准的更广泛社区经常询问如何与标准和认证保持一致，定义和实现的评估标准是什么。目前，遵从性评估或认证侧重于以下两个方面。

架构师认证

此认证适用于金融服务行业中有兴趣在其组织中应用 BIAN 行业标准的企业和解决方案级别的业务和应用架构师，也适用于那些有兴趣为 BIAN 标准的持续改进做出贡献的架构师。

架构师的认证证明了他们对 BIAN 框架的知识和见解，以及 BIAN 在组织中应用的方式，以提高其架构的敏捷性。对于雇用架构师的组织和架构师本人来说，这是专业性的标志。

BIAN 基于《BIAN 语义 API 从业者指南》和本书进行培训，并基于此已经启动了一项认证方法。该认证的测试包含多项选择题。随着培训和测试的完善，可能会定义两个级别的认证。第一级将测试在不同运用场景中正确解释标准所需的专业知识。最高级别还将涵盖标准背后的完整理论和原则。

产品认证

此认证适用于金融服务业中有兴趣在其解决方案产品中应用 BIAN 行业标准的解决方案提供商。

获得产品认证标志它们能够为甲方提供基于 BIAN 的架构所具备优势，例如：

- 通过使用（开放）API，改善行业整合和协作。
- 加强采用共享的第三方业务服务以及应用软件和服务。
- 提高银行内部和银行之间的运营效率。

这将大大降低甲方的整合风险和成本，并使其能够采用更灵活的业务和 ICT 服务采购模式。

认证的基础将反映产品如何与服务域分区对齐并支持其服务接口。这种方法仍在开发中。

1.4.5　BIAN 采用之旅

BIAN 提供了一个典型的采用路线图，可作为金融机构采用 BIAN 旅程的指导。BIAN 网站上对这段旅程进行了动画展现。图 1-11 给出了概述。

1 BIAN组织及其金融行业参考架构介绍

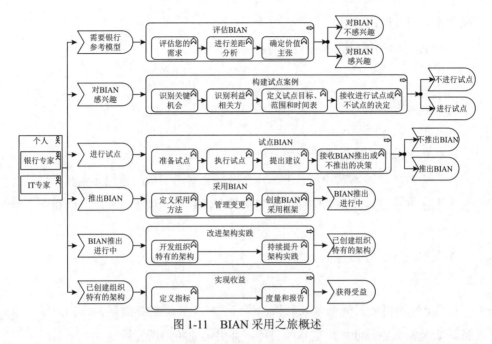

图1-11 BIAN采用之旅概述

旅程开始于当组织中的业务和/或ICT专业人员认为金融服务参考模型可以帮助组织创建特有的银行架构，并能改进架构实践时。这将使组织能够应对快速变化的金融生态，包括新技术、具有压迫感的监管法规、监管科技、金融科技和非金融公司进入金融市场、开放银行API等。当这些人员认为BIAN可能有助于支持其定义响应当下和未来的需求和战略决策的银行架构时，旅程就开始了。

在BIAN采用之旅的第1阶段，BIAN被评估并与其他框架进行比较。随着兴趣的增长，进入了第2阶段：准备BIAN试点。当试点的范围和目标得到明确定义，关键利益相关方承诺并参与其中时，就可以执行试点，进入采用之旅的第3阶段。

在试点期间，会确认预期结果（或不确认），做出推出BIAN（或不推出BIAN）的决定。如果实际确认要采用BIAN，则有必要在组织中正式引入BIAN（第4阶段）。从现在开始，BIAN将被用作支持组织特有银行架构创建和架构实践演进的手段。该架构将被实现和部署（第5阶段）。新架构被监控，确保能够持续跟进和评估那些实现BIAN价值主张的关键指标。持续改进环节保持流程的持续运行（第 6 阶段）。

附录 A 更详细地描述了采用银行参考架构的过程。

1.5 自我测试

1. 什么不是 BIAN 框架的一部分？

A. 一个数字仓库，其中包含 BIAN 金融行业参考架构的模型元素和工件。

B. 关于在银行中应用 BIAN 参考架构时使用哪种建模语言和工具的指南。

C. 培训和认证。

D. 具有语义 API 描述的 API 门户。

2. BIAN 协会的目标是开发具备互操作性的最重要的内容、概念和方法，以支持降低金融服务行业集成成本的目标，并促进业务创新和敏捷。

哪一种说法没有表达 BIAN 如何寻求实现这一目标？

A. 通过采用和遵循可用的市场标准，为可持续运营模式提供具有所有必要元素、工具和方法的架构框架。

B. 通过专注于语义服务和 / 或 API 规范的定义，改善金融服务行业的语义集成。

C. 使金融服务业能够成功地开发和运行松耦合的环境。

D. 规定了金融机构和解决方案供应商如何实现需求的实施要求和执行标准。

3. 哪些陈述描述了 BIAN 方法？

A. BIAN 的参考架构希望通过应用经过验证的流程驱动方法，使银行能够迁移到敏捷架构。

B. BIAN 的参考架构包括最新的技术发展。

C. BIAN 的金融行业参考架构是根据敏捷原则开发的。

D. BIAN 的参考架构希望为金融业提供可以与行为相结合的要素，以产生企业规划，类似于城市规划者制定城市规划的方式。

2 解释 BIAN 架构

本章解释了 BIAN 的金融行业参考架构捕获金融服务业现实而由此产生的概念。这里只描述概念,不描述基于这些概念实现银行架构的方式。第二部分(第 4 章至第 9 章)会详细阐述如何应用 BIAN。

BIAN 元模型(第 2.2 节)为这些概念以及它们之间的关系提供了一个概览。元模型在记录和利用 BIAN 提供的参考架构方面发挥着核心作用。

服务图景(第 2.3 节)是 BIAN 架构的核心概念,通过组织成一种结构,帮助概览和访问服务域集合。

服务域是一个服务中心,为金融机构提供唯一且基本的能力构建块,第 2.4 节中对此进行了描述。有鉴于要基于 MECE 原则实现覆盖金融机构所有范围的功能,使用了资产和使用方式相结合的模式,对服务域进行了仔细划分。

一个服务域是一个自包含的服务中心,对金融机构所需的一部分信息负责。服务域信息概要和控制记录是服务域的主要组成部分,第 2.5 节中对此进行了描述。

BIAN BOM 提供金融机构所需信息的视图,该视图与使用无关。第 2.6 节会详细解释说明 BIAN BOM 的模式。

服务域提供的服务(服务操作)在服务域的语义 API 及其端点中有更详细的描述。BIAN 还提供了语义 API 的 Swagger 文件,第 2.7 节中对此进行了描述。

服务域概览图(第 2.8 节)从服务域的角度概述了所有模型元素。

通过编排服务域表示的基本服务中心可以为金融机构提供所需的任何功能。BIAN 提供表示银行典型功能的业务场景和连线图。第 2.9 节中描述了这些工件。

BIAN 还提供了典型的业务能力(第 2.10 节)。

2.1 BIAN 架构模型的表示法

BIAN 使用两种标准表示法语言来描述在 BIAN 仓库中维护并在 BIAN 官网上发布的工件。

这两种语言的使用与 BIAN 提供的两个级别的交付物相吻合，这两个抽象级别分别是架构级别和设计级别。架构级别侧重于基本概念以及概念之间的关系，以便对不同方面形成一致性理解，并提供了一个管理系统演进的结构。架构级别支持战略和（架构构建块的）组合管理。此级别的可交付物使用 ArchiMate 3.1 语言记录[13]。

为支持业务流程建模者和软件/应用设计人员，设计级别会在架构模型元素中添加详细细节。设计级别使用 UML 2.1 建模[14]。

本章解释了用来表达 BIAN 架构构建块的语言和语言元素，及各种类型的架构图的使用说明。很明显，一个构建块（例如服务域）可以用不同的表示法符号语言表示，而概念本身仅管理一次。数字仓库使 BIAN 用户能够在不同的展现视图之间导航（另见第 1.4.3 小节）。

BIAN 使用 ArchiMate 和 UML 来记录其可交付物的事实并不意味着银行也应该使用这些语言来记录其架构和设计。

2.2 BIAN 元模型

本节概述了 BIAN 用于记录其金融服务业参考架构的概念。BIAN 元模型规范化了这些概念。

2.2.1 BIAN 元模型的作用

模型是现实的抽象表示。元模型定义了这些模型的构造和规则。一个架构模

---

[13] ArchiMate 3.1 规范的详细信息可以在 The Open Group 官网找到。
[14] UML 规范的详细信息可以在对象管理组（The Object Management Group，OMG）的网站上找到。

型由一组构建块及其关系组成。元模型定义了构建块的类型以及它们之间可能的关系。可以在架构仓库中管理基于元模型构建的架构模型。根据元模型，可以利用架构模型为利益相关方创建提供信息的架构工件。

BIAN 框架使用一个标准元模型定义了构建块类型，用于在架构模型中捕获金融机构的现实，它还描述了 BIAN 生产哪些工件来支持金融机构。BIAN 元模型的作用如图 2-1 所示。

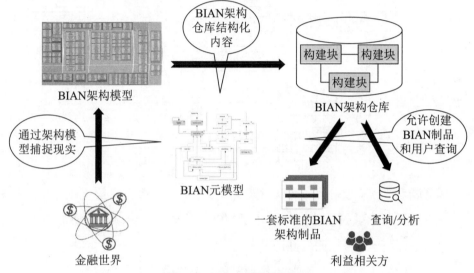

图 2-1　BIAN 元模型的作用

根据元模型，金融世界的现实被捕获在 BIAN 架构模型中。BIAN 架构仓库会管理 BIAN 的架构模型，该架构仓库可在 BIAN 官网上找到。BIAN 基于其仓库中的模型元素提供一系列架构工件，仓库还可以通过查询提供客户自定义的工件。

2.2.2　BIAN 元模型概述

图 2-2 描述了 ArchiMate 语言中的 BIAN 元模型。

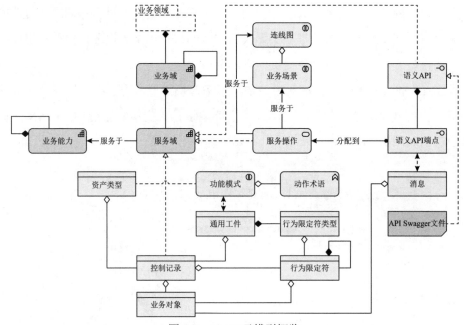

图 2-2　BIAN 元模型概览

服务域是 BIAN 金融服务业参考架构的核心概念。服务域是一种基本的业务能力，它是任何金融机构功能的概念性 MECE 构建块。金融机构所需的所有功能都可以通过编排服务域**服务操作**来实现。

BIAN 服务图景概述了金融机构所需的所有功能，是 BIAN 服务域的集合，通过**业务域**进行概览分组，而业务域又组合在**业务领域**中。

BIAN 的服务域是基于模式的。

对一种**资产类型**执行一种**功能模式**，构成了金融机构中每个服务域的角色。功能模式由一组**动作术语**（Action Term，AT）组成。在此资产类型上执行构成此功能模式的动作是该服务域在金融机构生态中的独特责任。

服务域的**控制记录**是履行服务域角色所涉及的信息。它结合了与资产类型和通用工件相关的信息，**通用工件**是通过执行服务域的功能模式所创建的信息。

每个服务域都提供一组服务，称为服务操作。BIAN 的服务操作概念如下：服务域的功能模式由一组动作术语组成，每个动作术语都会生成一组服务操作。BIAN 基于**服务域语义 API** 细化和澄清 API 中的服务操作。此语义 API 由一系列**语义 API 端点**组成，每个端点描述一个基本服务操作的功能和有效负载。**消息**包含了语义 API 端点交换用的输入和输出信息。

BIAN 提供 **API Swagger 文件**，其中包含了机器可读格式的语义 API 描述。

控制记录可以进一步细分为**行为限定符**，而**行为限定符类型**则是细分通用工件的依据，此细分有助于详细描述服务操作。语义 API 端点及其消息与控制记录或特定行为限定符相关，这种相关性也阐明了动作术语所依据或提供的信息内容。

BIAN BOM 同服务图景对等，它描述了运行金融机构所需的信息，就像服务图景描述了所需的功能一样。BIAN BOM 由**业务对象**组成，这些对象是金融机构的信息及其关系的 MECE 构建块。

资产类型、通用工件及其行为限定符类型、控制记录及其行为限定符构成了这些业务对象的各角度的视图。因此，语义 API 端点的消息也是 BIAN 业务对象的视图。

BIAN 提供的架构工件由一组基于服务操作交互的服务域组成。**业务场景**表示了为响应事件，对一组服务域的编排（通过其服务操作进行交互）。**连线图**是服务域之间的一组路径，通过服务域的服务操作进行串接。

BIAN 精心阐述了一组**业务能力**集合，其可用作银行战略业务能力的灵感来源。业务能力可以组合其他业务能力，而 BIAN 的服务域可以作为若干业务能力的能力构建块。

表 2-1 提供了 BIAN 元模型模型元素的概览，使用了 ArchiMate 语言中的语义定义和符号进行描述。

表 2-1　BIAN 元模型元素定义和 ArchiMate 符号

元素	语义定义	ArchiMate 建模符号
动作术语	描述服务操作目的的基本行为单位	动作术语
API Swagger 文件	一种机器可读的格式（根据语义 API 描述的 Swagger™①）	API Swagger 文件

15　Swagger™ 允许描述 API 的结构，以便机器可以读取它们。它强制遵守开放 API 规范。

续表

元素	语义定义	ArchiMate 建模符号
资产类型	银行拥有所有权和/或影响力，可以为银行创造价值的有形或无形物品	资产类型
行为限定符	一组用于限定（即精化）服务域的控制记录的业务信息	行为限定符
行为限定符类型	一种用于优化通用工件并提供行为限定符分类的信息类型	行为限定符类型
业务领域	一组业务域，用于结构化地呈现服务图景	业务领域
业务能力	企业为实现特定目的而可能拥有或交换的特定能力	业务能力
业务域	一组服务域，用于结构化地呈现服务图景	业务域
业务对象	存在于现实中具体或抽象的事物，参与和/或影响业务的本质	业务对象
业务场景	服务域之间为响应业务事件而进行的交互连接时序	业务场景
控制记录	一组业务信息，为支持在资产类型实例上履行服务域角色所需的所有信息	控制记录
功能模式	在执行商业业务时可以应用于某些资产的行为或机制	功能模式
通用工件	由符合功能模式的任何服务域生成和/或管理的工件的通用类型	通用工件
消息	通过语义 API 端点交换的输入和输出参数	消息
语义 API	一个服务域的语义 API 端点的集合	语义 API

续表

元素	语义定义	ArchiMate 建模符号
语义 API 端点	一个服务域对外提供的一个服务操作的访问端点	语义API端点
服务域	能够以服务方式对外提供能力的离散且独特的业务职责,是一种基本或原子的功能构建块	服务域
服务操作	由服务域暴露的业务服务	服务操作
连线图	表示一组选定服务域之间可用的服务连接的交互	连线图

2.3 服务图景

BIAN 服务图景是组织 BIAN 服务域的一种表示形式。服务域被分组到业务域中,这些业务域随后又被分组到业务领域中。这将创建一个便于查找和访问服务域的访问路径。

服务图景并不有意要代表任何银行的设计蓝图。此类蓝图及其组装技术会在第 5.2 节中介绍。事实上,BIAN 一直在使用多种表示形式,根据不同的标准对服务域进行分组。BIAN 服务图景的矩阵表示如图 2-3 所示。

图 2-4 显示了 BIAN 服务图景的另一种表示形式:价值链视图。

有三个要素决定了 BIAN 服务图景的结构:业务领域、业务域和服务域,如图 2-5 所示。BIAN 没有将特定的业务领域和业务域定义为规范标准,因为不可能强制所有银行对业务功能进行特定的层次化分解。另外,BIAN 的服务域是规范标准,它们可以适应任意数量的业务领域－业务域的层次结构。

服务图景元素的元模型视图如图 2-6 所示。

银行业架构网络BIAN：全球数字化时代金融服务业框架

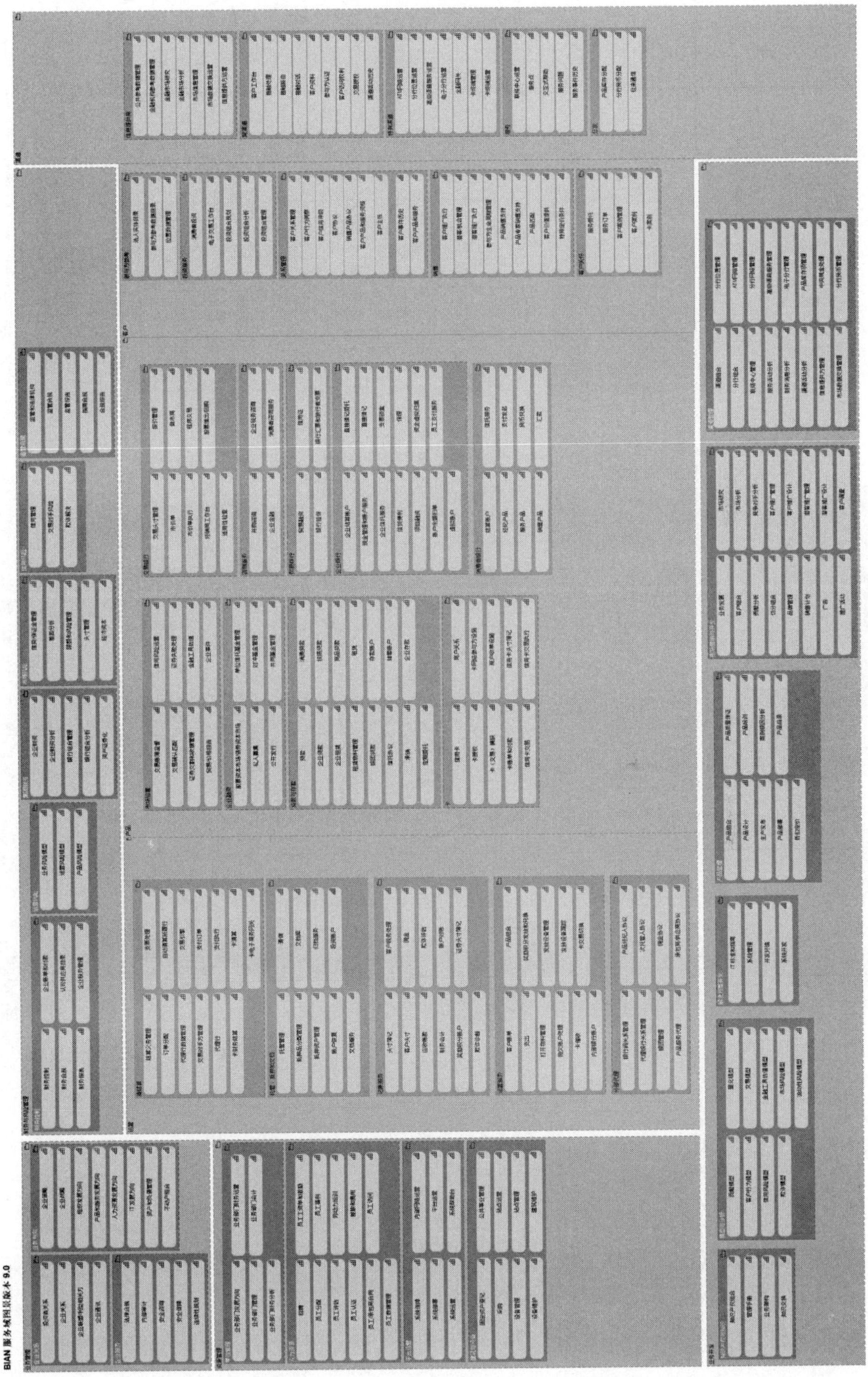

图 2-4　BIAN 服务图景的价值链视图

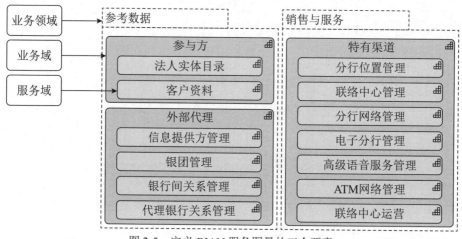

图 2-5　定义 BIAN 服务图景的三个要素

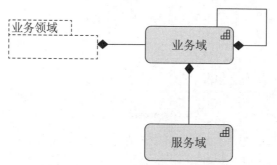

图 2-6　BIAN 元模型的服务图景视图

2.3.1　业务领域级

业务领域是一组广泛的能力和职责，位于 BIAN 服务图景层次结构的最高级别。因为这些业务领域经常出现在银行中，以显示其高阶业务功能，所以就将业务域组合成更大的单元，这就是业务领域，其目标是使大量服务域能更好地被访问到。

业务领域在 ArchiMate 的表示是一个分组符号。

2.3.2　业务域级

业务域是一组服务域在服务图景上的聚合，通常在银行里被用于代表它们的高阶能力。BIAN 中的业务域不是规范性的，使用业务域的主要目的是绘制一个地图以涵盖大量单独的服务域。

一个业务域只属于一个 BIAN 业务领域，并且可以分解为更详细的业务域。

业务域的 ArchiMate 表示符号是一种"能力"，因为业务域可以被认为是粗粒度（coarse grained）的业务能力。

2.3.3 服务域级

BIAN 服务域是 BIAN 服务图景的基本构建块。服务域是 BIAN 架构中的核心概念，第 2.4 节对此进行了描述。

2.3.4 服务图景图

服务图景通过 ArchiMate 的能力地图表示。

BIAN 目前提供两种服务图景表示形式：矩阵视图和价值链视图。

2.4 BIAN 服务域

服务域是 BIAN 架构的核心概念。BIAN 服务域表示最小的功能分区，是能够以服务方式对外提供的离散且独特的业务职责。所有 BIAN 服务域共同构成了一个对等集（peer set），每个服务域履行其特定的业务功能或目的。服务域在一起时，通过服务操作进行交互，可以获得涵盖一家银行所需的所有功能。

由于服务域在范围上是最基本的或原子的，因此无法将其功能进一步分解为更细的功能。服务域是相互独立、完全穷尽的，服务域之间没有功能冗余。

服务域将其服务（服务操作）提供给其他服务域。这允许服务域通过将功能的执行委派给其他服务域来履行其角色。服务域之间的交互实现了银行所需的业务活动。

服务域是根据模式构造的，如图 2-7 所示。服务域通过在资产类型的实例上执行功能模式来履行其角色。每个服务域将单个主要功能模式（例如管理、设计、运营）与资产类型（例如，设备、客户关系）相结合。一个通用工件是执行功能模式的核心信息。

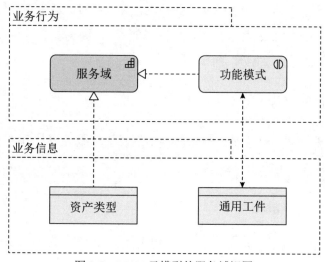

图 2-7　BIAN 元模型的服务域视图

BIAN 定义了标准功能模式和相匹配的通用工件，以及可能构成任何银行的资产类型的层次化分类。

2.4.1　功能模式

功能模式是一种行为或机制，可以作用于商业业务执行中某些资产的实例。服务域的业务角色或用途以其功能模式为特征。

BIAN 已经确定了 19 种可应用于资产实例的功能模式，以便对银行的各个方面进行建模。表 2-2 包含 BIAN 定义的功能模式的描述。

表 2-2　BIAN 功能模式说明

功能模式组	功能模式名称	功能模式说明
创建	指导	定义组织实体或单位的政策、目标和目的以及战略。 示例：指导企业的一个部门
	运营管理	监督业务部门的工作，分配工作，根据计划进行管理并解决问题。 示例：管理银行分行网点的日常活动
	内部管理	处理和分配日常活动，捕获运营单位的时间、成本和收入。 示例：管理专业销售支持团队的时间报告和计费

续表

功能模式组	功能模式名称	功能模式说明
创建	设计	创建和维护程序、产品/服务模型或其他此类实体的设计。 示例：创建和维护产品设计和分析模型
	开发	构建或增强某些内容，通常是IT生产系统。包括开发、评估和部署活动。 示例：构建、增强、测试和部署生产上产品处理系统的主要增强功能
发起	处理	按照定义的程序完成工作任务，以支持一般办公室活动以及产品和服务交付。 示例：评估和完成客户价值提供的报价流程
	操作	操作设备和/或高度自动化的设施。 示例：操作银行的内部网设施
	维护	提供必要的维护服务和维修装置/设备。 示例：建立覆盖中央办公室使用的PC技术的维护和维修计划
	履行	履行服务安排下的任何计划和临时义务，最典型的服务安排是金融产品或设施。 示例：为客户结算账户设施执行计划（例如，报表、长期订单）和临时/请求（例如余额查询、资金转账）履行任务
	交易	执行界限明确的金融交易/任务，通常涉及大部分自动化/结构化的履约处理。 示例：执行支付交易
	建议	提供专家建议和/或为持续服务或特定任务/事件提供支持。 示例：提供专家建议/专业知识
	监控	监控并定义某个实体的状态/评级。 示例：监控客户的状态和关键指标以影响在线交互，并跟踪已发行卡的状态以实现安全性和访问控制
	跟踪	维护交易或活动日志，通常是财务账户/日记账或支持行为分析的活动日志。 示例：维护产品或服务已处理交易的财务日记账，维护客户事件和活动的日志以供后续分析
注册	编目	捕获和维护有关某种类型实体的参考信息。 示例：维护参与方参考信息
	注册	维护某些组或相关参与方集合的成员资格。 示例：管理投资者银团的成员身份

续表

功能模式组	功能模式名称	功能模式说明
评估	同意条款	维护适用于商业关系的条款和条件关系。 示例：定义和维护管理与客户合同关系的条款
	评估	测试或评估实体，可能基于某些正式资格或认证要求进行。 示例：对提议的金融交易执行监管法规测试，检查新产品/服务是否符合现有合同协议
	分析	分析某些正在进行的活动或实体的绩效或行为。 示例：提供对客户行为的洞察和分析，并分析金融市场活动，以识别机会、定价和评估风险
提供	分配	维护某些资源的库存或持有资源，并根据要求进行指派/分配。 示例：跟踪持有量并管理整个分行和 ATM 网络对中央现金的分配

一个功能模式是一组动作术语的组合。服务域实现的业务服务中心可以通过服务操作调用进行访问。服务域的服务操作以其功能模式相关联的动作术语为特征。第 2.7 节会对此进行介绍，这一节中的图 2-24 给出了与每个功能模式关联的动作术语的概览。

2.4.2 通用工件

通用工件是由功能模式生成和/或管理的一般工件类型。

通用工件让服务域的功能变得更具体。为履行其职责，每次服务域应用一个行为在一个资产实例上，都会使用其关联的通用工件的实例来引导和跟踪其活动和进度。每个功能模式都会为其定义一个通用工件。例如，与功能模式"管理"关联的通用工件是一个"管理计划"。

表 2-3 包含了通用工件的说明。图 2-8 显示了与每个功能模式关联的通用工件。

表 2-3 BIAN 通用工件说明

通用工件名称	通用工件说明
维护安排	维护对某事物的安排。维护是一组活动以持续支持保障某事物
开发工程	具有明确职权范围和预期目的/结果的离散或有限的工作

续表

通用工件名称	通用工件说明
过程	对企业内（非履行产品和服务特有的）办公活动的支持执行
内部管理计划	为企业的运营单位/职能定义文书支持的计划
协议	作为一个完整合同，各合同方约定的一组承诺
合约安排	两方或多方之间关于做或不做某事、提供或不提供某物的约定
分配	一种用于跟踪可用性并根据请求分配业务资源（员工和/或设施）的服务
运营管理计划	对企业运营单位的管理和监督
操作会话	对企业雇用/提供的技术/自动化设施的操作
分析	对与物料或活动相关的一组数据使用特定类型分析的一种服务
成员资格	在一个分组中，进行实体的成员注册，使其具有认可的业务目的或分类资格
日志记录	用于跟踪和记录特定事件的一种机制，在必要时维护关联的派生/累积值
规格	提供产品或服务的规格，涵盖其使用所需的所有方面
交易	金融交易的执行
战略	企业的目标和使命，包括其在市场竞争中的定位和基础
评估	根据一组预定义的属性或绩效标准对一个主体进行正式评估或测试
目录条目	注册表中记录与每个单项相关的关键参考信息和属性
状态	用于跟踪和报告某些单项或活动的状态或动态属性的机制
建议	提供专家咨询/支持

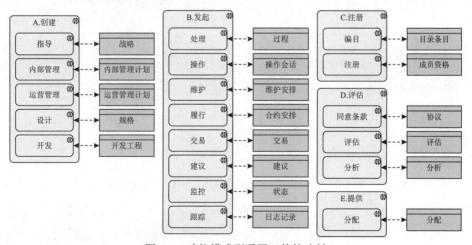

图 2-8 功能模式到通用工件的映射

2.4.3 资产类型

服务域负责在其资产类型的每个实例上应用其功能模式。

资产类型是指银行拥有所有权和/或影响力，具有一个或多个固有用途或目的，可以为银行创造价值的有形或无形物品。

BIAN定义了任何银行能发现的可能的资产类型。某些资产类型是显而易见的，例如机器或建筑物。有些是无形的，但很容易识别，例如诀窍、知识、关系、声誉。有些不太明显，最常见的是适用于许多BIAN服务域的"执行能力"类型。例如，在产品履约和支持活动（如参与方身份验证）的情况下，资产是银行执行这些活动的能力。

BIAN定义了一个层次化资产类型分类法，可以达到不同的粒度级别。资产类型在一定的粒度级别（称为"分解阈值"）进行定义，在该粒度级别上应用功能模式，确保对应服务域的职责是基本的或独立可指派的。换句话说，银行要么需要全部功能，要么根本不需要，它不执行功能的一部分。

例如，如图2-9所示，"结算账户服务域"的作用可以表述为"履行"对"结算账户"实例的一种"合约安排"，其中"履行"是功能模式，"结算账户"是资产类型，"合约安排"是通用工件。

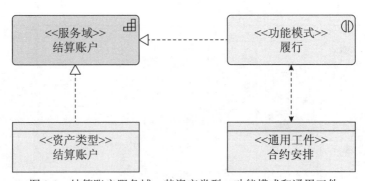

图2-9 结算账户服务域、其资产类型、功能模式和通用工件

服务域负责在其关联的资产类型的各个实例上实现其功能模式，以完成实例的整个生命周期。因此，例如，"管理""客户关系"的服务域负责对每个客户关系执行管理功能，包含从第一次识别客户到最后一次客户同银行发生关系的全过程。"履行""结算账户"的"合约安排"的服务域执行从开户到关户全过程的履约功能。

2.4.4 服务域表示

服务域是 BIAN 架构的核心概念，在 BIAN 框架的几乎所有应用中都发挥着重要作用，如本书第二部分所述。

服务域也会出现在 BIAN 架构本身不同的上下文中。在表示 BIAN 架构不同的视角时，用于表示服务域的建模语言和该语言中使用的符号也会不同。

在元模型中，一个服务域表示为一个 ArchiMate 能力，会出现在服务图景（第 2.3 节）、与 BIAN 业务能力的关系（第 2.10 节）、连线图（第 2.9.2 小节）和服务域概览图（第 2.8 节）中。

服务域也表示为 UML 类。在业务场景中，它们在 UML 时序图（第 2.9.1 小节）上显示为生命线。

BIAN 仓库将这些不同的表示形式链接到同一个服务域概念。

2.5 BIAN 控制记录和服务域信息概要

控制记录描述经服务域治理的主要业务信息。BIAN 元模型视图如图 2-10 所示。

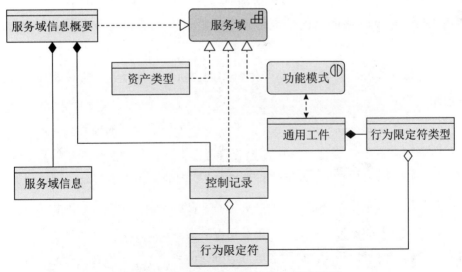

图 2-10　BIAN 元模型的控制记录模型视图

服务域通过在资产类型上执行功能模式来履行其角色和职责。**控制记录**是执行此角色的结果。每次服务域履行其角色时，都会创建或更新控制记录实例。

当作为独立的服务中心实现时，**服务域信息概要**描述了服务域治理下的业务信息全集合。服务域信息概要包含以下两个类别的信息。

- 服务域本身的信息（**SD 信息**），用于控制和管理作为服务中心的服务域。这包括其规格、设立、从其他服务中心检索的任何外部参考信息以及服务分析和报告信息。

- 服务域角色执行层面的信息，即**控制记录**实例。控制记录可以根据**行为限定符类型**进一步分解为**行为限定符**。

如以下各节所述，控制记录是基于一种模式的结构。

2.5.1 控制记录

控制记录表示一组业务信息，这些信息反映了在资产类型实例上履行服务域角色期间所创建的全部信息。

服务域通过在资产类型的实例上执行功能模式来履行其角色和责任。因此，控制记录代表了有关**资产类型的**信息，以及执行功能模式的核心信息——**通用工件**。因此，服务域的控制记录采用将资产类型和通用工件拼接的命名约定。

服务域负责在资产实例的整个生命周期内执行功能模式并管理相应的控制记录。

例如，图 2-11 显示了"参与方参考数据目录"服务域的控制记录，服务域的角色通过在其资产类型"参与方参考数据"上执行其功能模式"编目"来实现。"编目"对应的通用工件是"目录条目"，因此，控制记录被命名为"参与方参考数据目录条目"，此服务域的控制记录表示关于"参与方"的参考数据的目录。对于每一个参与方，都有一个参与方参考数据目录条目。只要参与方及参与方参考数据与银行相关，该服务域就会创建此目录条目，并在此信息的整个生命周期内进行管理（更新）。

2 解释BIAN架构

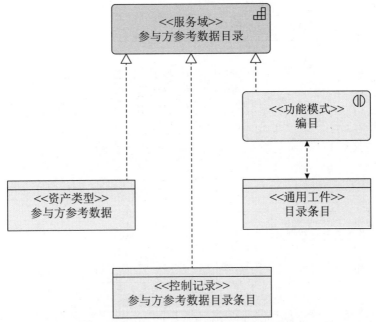

图2-11 "参与方参考数据目录条目"控制记录

服务域可以只负责一个控制记录实例,例如业务计划,也可以负责多个实例,例如多个参与方的参考数据。控制记录可以是短暂存在的,例如一次客户交互,也可以是长期存在的,例如参与方参考数据。

2.5.2 行为限定符

服务域执行的工作将在控制记录及其称为行为限定符的构成元素中被捕获。**行为限定符**是一组业务信息,用于限定(即精化)服务域的控制记录。

控制记录根据行为限定符类型进一步分解出它的构成元素,行为限定符类型会在下一节介绍。

图2-12显示了"参与方参考数据目录条目"控制记录被分解成为四个行为限定符。行为限定符"参考"表示作为一般参与方参考的详细信息属性;"关联"表示该参与方与其他相关方的联系和关联的属性;"人口统计"代表参与方的人口统计、就业和教育背景属性;"银行关系"表示任何有关银行与参与方链接的信息。

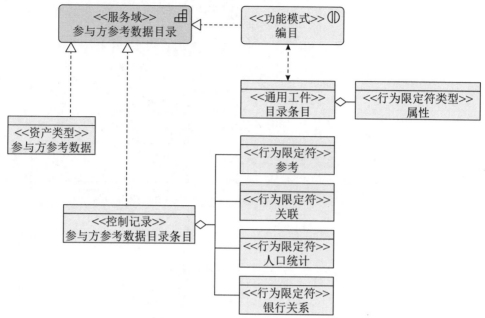

图 2-12 "参与方参考数据目录条目"控制记录及其行为限定符

2.5.3 行为限定符类型

行为限定符类型是一种用于精化通用工件的信息类型。

行为限定符类型是行为限定符的分类法。例如,通用工件"目录条目"的行为限定符类型为"属性"。

图 2-12 显示了分解参与方参考数据所依据的参与方属性。

功能模式表示服务域的概念行为。执行此功能模式的核心信息是通用工件。行为限定符类型是此通用工件进一步分解的依据。因此,行为限定符类型限定(精化)服务域的概念行为,控制记录据此分区方法可进一步分解出其构成——一组行为限定符。

例如,对于一个表示"过程"(功能模式"处理"的通用工件)的控制记录,行为限定符类型为"工作步骤"。行为限定符将是与关联的行为限定符类型一致的特定的控制记录分区。例如,计费处理过程的一个工作步骤可以是"开具发票"。

在图 2-12 的示例中,"编目"行为(或功能模式)创建一个"目录条目"

（通用工件），行为限定符类型为"属性"。"编目"的行为是基于对参与方的每个"属性"的编目来划分的。

另一个例子是"履行"（功能模式）一种"合约安排"（通用工件）的服务域。合约安排的行为限定符类型是"特性"，安排的每个特性，例如"利息安排"或"费用安排"（行为限定符）将由服务域履行。

用于分解 BIAN 功能模式及其通用工件的行为限定符类型如表 2-4 所示。

表 2-4 功能模式、通用工件和行为限定符类型

功能模式	通用工件	行为限定符类型	举例
指导	战略	目标	增加市场份额
运营管理	运营管理计划	职责	关系开发，处理难题
内部管理	内部管理计划	常规	记录工时
设计	规格	方面	业务需求
开发	开发工程	交付件	功能模块规格书
处理	过程	工作步骤	发票生成
操作	操作会话	功能	消息捕获/路由
维护	维护安排	任务	预防性维护任务
履行	合约安排	特性	结算账户定期委托
交易	交易	任务/步骤	外汇兑换定价，市场贸易，清结算
建议	建议	主题	税务建议，企业金融
监控	状态	度量	组合头寸，客户告警
跟踪	日志记录	事件	客户生活事件，服务事件
编目	目录条目	属性	产品定价规则，客户参考明细
注册	成员资格	书面条款	资格/会员目的
同意条款	协议	条款/条件	强制披露
评估	评估	测试	密码验证
分析	分析	算法	平均余额计算，购买倾向
分配	分配	准则	工作人员分配，设备分配

尽管单个通用行为限定符类型与每个功能模式相关，但为某个服务域定义的实际行为限定符将特定于/特有于该服务域。例如，具有功能模式"处理"的服务域具有关联的行为限定符类型"工作步骤"。使用功能模式"处理"为每个

服务域定义的实际工作步骤将反映其特定业务角色。例如，构成客户计费服务域处理的工作步骤反映了它如何处理客户账单，即客户发票生成、发票传输/发送、付款跟踪和付款处理工作步骤。处理其他的资产类型将导致产生不同的工作步骤。

目前，BIAN 仅将服务域控制记录细分到第一级行为限定符。对于某些具有大量信息或功能内容的服务域，架构师可能会发现有必要定义额外级别的子限定符，以进一步分解控制记录。这在若干工作事项中，对于定义适当聚焦的服务操作是必要的。图 2-13 显示了参与方参考数据目录服务域，其功能模式是"编目"，通用工件是"目录条目"，行为限定符类型是"属性"，其可能的子限定符的一个示例。

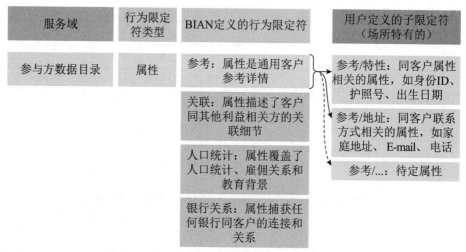

图 2-13　将控制记录细分为行为限定符和子限定符

目前，BIAN 只进行了一级分解，因为这似乎足以定义明确的业务服务交换。在实现中，可以添加额外的分解级别，但这些级别可能是其场所特有的。为了将行为限定符进一步分解为子行为限定符，一致地应用行为限定符类型是很重要的，还需要确保子限定符是基于 MECE 原则对其父行为限定符的分解。

2.5.4　服务域控制记录图

在 BIAN 仓库中，已为每个服务域创建了**控制记录图**。它表示为 UML 类图。

2 解释BIAN架构

图 2-14 显示了"参与方参考数据目录"服务域的控制记录图。图中描述的控制记录模型是一个分层模型，它分配了 BIAN 在控制记录和行为限定符级别定义的属性。BIAN 并不会定义由服务域管理的所有属性。BIAN 会确保定义的属性能阐明服务域的责任，同时保持足够的通用性，以便适用于所有银行。

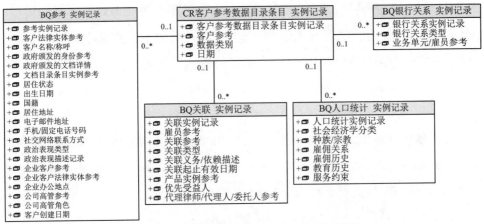

图 2-14 "参与方参考数据目录"控制记录图

此控制记录图仅将控制记录和行为限定符"属性集"表示为 UML 类，而不包括服务域本身的信息。目前还没有表示服务域信息概要的图表（图 2-15）。

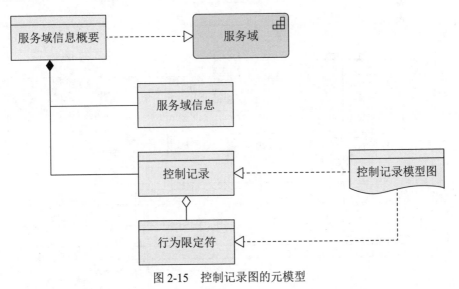

图 2-15 控制记录图的元模型

· 47 ·

2.6 BIAN BOM

BIAN 正在为金融行业开发一种 BOM。

现有的银行数据模型和标准（如 ISO 20022、IFX 和 SWIFT™）侧重于定义在 API 中交换的报文消息。这些消息是银行核心业务对象的视图（例如银行产品和服务、银行协议和安排）的看法，它们并不代表业务对象本身的模型。BIAN 应用业务对象建模方法来识别与金融行业相关的所有**业务对象**，并对它们间的关系进行建模。BIAN BOM 为金融部门提供了信息架构的参考模型，这些可以根据个体需求进行定制。

正如服务域控制记录中所呈现的那样，基于业务对象建模方法，BIAN BOM 对每个 BIAN 服务域的信息需求进行建模。所得到单个服务域 BOM 将被合并到 BIAN BOM 中。用于定义服务域 BOM 并将其合并到 BIAN BOM 中的业务对象建模方法（或 BOM 方法）可确保 BIAN BOM 的一致性。

图 2-16 描述了 BIAN 元模型上的信息视图。

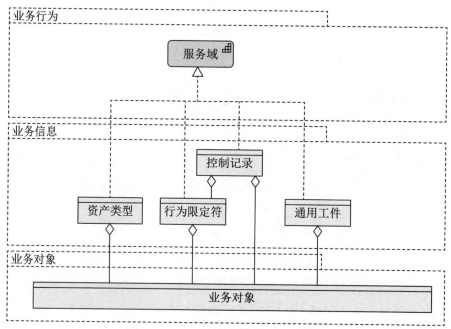

图 2-16　BIAN 元模型的业务对象视图

正如在 BIAN BOM 中建模的那样，业务对象表示的银行对象独立于任何上下文。控制记录、行为限定符、资产类型和通用工件是"信息对象"，代表了这些业务对象从"业务行为"（由服务域执行）的视角看到的视图。

BOM 方法应用了一种思维方式，其基于两个抽象参考模型，实际 BOM 以这两个模型为使用模式。在以下各节中，将概述该思维方式以及内容和结构这两个模型模式。

2.6.1 业务对象与业务概念

BOM 方法思维方式中的两个关键概念是"业务概念"和"业务对象"，关键是要能够区分它们。概念是任何可以想到的东西。业务概念对业务很重要，是业务希望了解的内容。而业务对象与现实中存在的有形或无形的事物有关。

为了满足业务的信息需求，需要识别出业务概念。每个业务概念都应通过业务定义进行明确的定义，以避免相关方产生误解。业务术语表是业务概念的集合，用于引用和定义术语。

为了告知企业其感兴趣的概念，需要捕获和管理数据。但是，业务概念并不是驱动形成有效数据架构所需的信息架构构建块。

业务信息架构的构建块是业务对象。它是一个相互独立、完全穷尽的信息单元。业务对象间相互关联，就构成了 BOM。

BOM 方法的内容和结构模式用于为业务概念生成明确的定义，并将业务对象与业务概念区分开来。

例如，"客户"显然是一个业务概念，任何组织都会对它所服务的参与方感兴趣。但是，它不是业务对象。"客户"只是一个"参与方"角色。"参与方"是一个业务对象。客户只是从银行购买产品的一个参与方。参与方还可能是"供应商"和"银行员工"角色，其中"供应商"是向银行提供物品或服务的一方，而"银行员工"是与银行有雇佣协议的一方。

2.6.2 BOM 内容模式

BOM 内容模式（如图 2-17 所示）是一个抽象信息模型，其对任何业务都有效。它包含业务对象及其关系,这些对象在高抽象级别上构成了任何业务。此模型针对特定业务上下文可以变得更加具体。

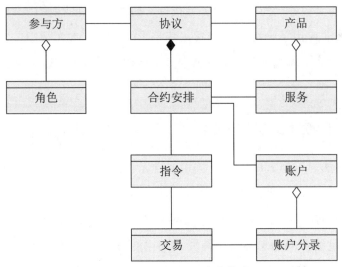

图 2-17　BIAN BOM 内容模式

内容模式由以下业务对象组成。

企业通过其在市场上提供的**产品和服务**将自己与其他企业区分开来。产品的销售是在与**参与方**的**协议**中做的规定。

一个协议(两方或多方之间正式或非正式的共同理解)规定了一套**合约安排**,以表达其中一方在"给予、做或不做某事"上同另一方之间的安排。

履行协议的一个或多个合约安排可以通过发出做某事或给予某物的**指令**来触发。指令触发产生履行安排所需的**交易**。

这些交易的结果(例如资产、权利和义务的价值转移或金额的变动),可以在称为**账户**的可测量状态上通过**账户分录**进行登记。

图 2-18 显示了内容模式的应用示例。当售出一个结算账户产品,会导致银行同一方或多方签订一个结算账户协议。该协议包括(除其他事项外)资金转移能力(贷记转账服务安排)和费用支付(计价安排)的合约安排。一个支付订单指令触发必要的支付交易。这是通过结算账户的一次记账实现登记的,该账户管理了结算账户协议的余额。

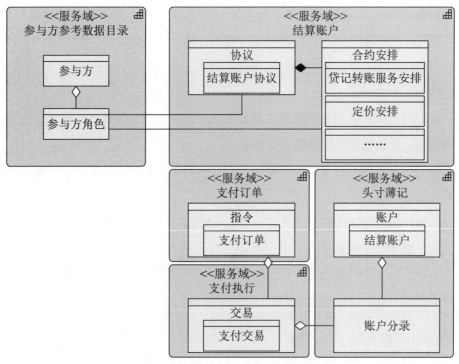

图 2-18 在支付中应用 BIAN BOM

2.6.3 BOM 结构模式

BOM 结构模式（如图 2-19 所示）丰富了内容模式。

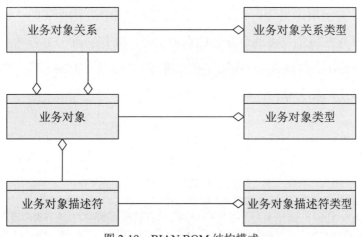

图 2-19 BIAN BOM 结构模式

业务对象可以用不同的方式分类（它可以属于不同的业务对象类型），例如，参与方可以是个体（人）或组织，它还可以是男人或女人。

在应用 BOM 方法时，我们发现这些概念是业务对象"参与方"的"类型"（分类法）。

业务对象由业务对象描述符（例如性别、出生日期）描述，而业务对象描述符都具备一定的类型（例如描述、标识）[16]。

业务对象彼此存在着业务对象关系，业务对象关系也具备类型——业务对象关系类型。

例如，应用 BOM 方法，我们发现业务概念"配偶"可被定义为"两个参与方（业务对象）之间的关系，且是婚姻协议（业务对象）的结果"。上面示例中的"客户"是一个"参与方"（业务对象），其从银行（"参与方"业务对象的一个特定实例）购买（此关系）产品（业务对象）。

2.6.4 服务域 BOM 图

对于每个服务域，都创建了一个 BOM 图，表示了支持服务域功能及其关系的业务对象。此图是在设计级别定义的 BIAN 工件。

如图 2-20 所示，服务域 BOM 图表示为 UML 类图，其中显示了由服务域管理和维护的实体（白色）。在图中，灰色的实体由其他服务域管理和维护，但在此服务域中有引用。例如，在支付订单服务域的 BOM 图中（图 2-20），"参与方"和"参与方角色"是两个灰色的业务对象，它们由参与方参考数据目录服务域管理，但在支付订单 BOM 图中存在对它们的引用。这些灰色业务对象是将 BIAN BOM 上的服务域视图链接在一起的粘连边缘。

---

16 将参与方分类为"男性"或"女性"，是基于业务对象描述符"性别"。"性别"是一个业务概念，但不是业务对象，它是一个业务对象描述符。
将参与方分类为"男人"或"女人"称为"分类学分类"。基于功能视角的分类称为"功能分类"。例如，可以根据参与方在协议中的角色进行分类，例如买方或卖方。同样，"买方"和"卖方"是业务概念，但不是业务对象。

2 解释BIAN架构

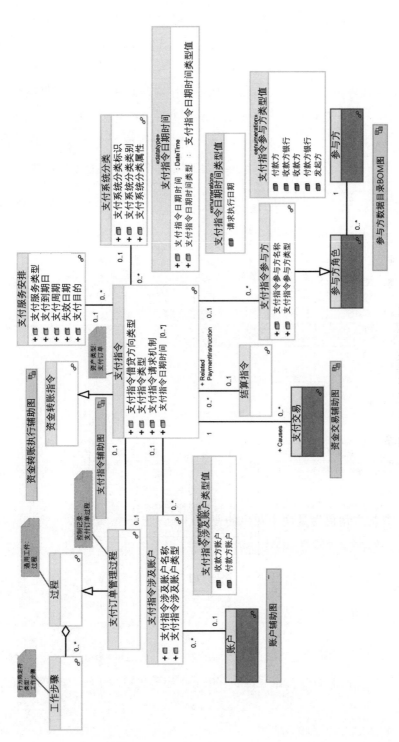

图 2-20 支付订单 BOM 图

· 53 ·

2.6.5 BOM 抽象等级

内容模式的业务对象作为 BIAN BOM 的最高抽象[17]级别呈现。它们可以在服务域 BOM 中出现，也可以作为在服务域中起作用的业务对象的一种泛化出现。

图 2-21 显示了结算账户服务域 BOM 的视图，具有多个抽象级别。结算账户协议是内容模式中"协议"对象的一种特化，结算账户安排是"合约安排"对象的特化。针对与结算账户协议相关的不同类型的"合约安排"都进行了特化（例如"利息安排"和"费用安排"）。

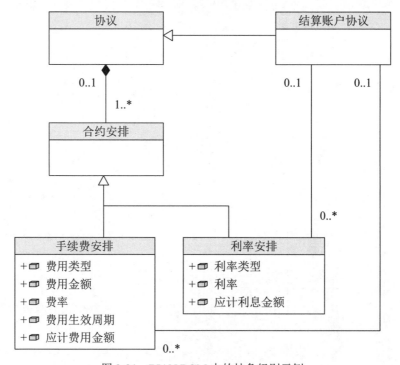

图 2-21 BIAN BOM 中的抽象级别示例

2.6.6 BOM-ISO 20022 映射

ISO 20022 业务模型是 ISO 20022 标准的一部分，ISO 20022 标准是金融机构之间电子数据交换的 ISO 标准。ISO 20022 业务模式被用于派生出 ISO 20022 消

---

17 抽象是种泛化，而不是细节。

息定义中使用的数据元素（ISO 20022 消息概念），从而确保用于支持各种业务域的所有消息的理解一致性。

如图 2-22 所示，ISO 20022 业务模型是 ISO 20022 数据字典的一部分，其中包含关于各个业务概念的详细信息。

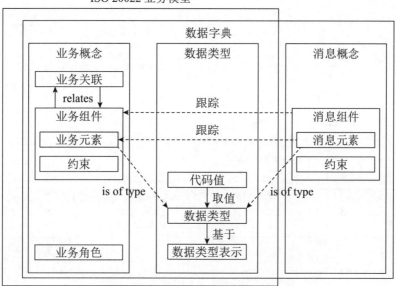

图 2-22　ISO 20022 业务模型的范围

BIAN 开发了 BIAN BOM 的业务对象和属性与 ISO 20022 业务模型的业务组件和元素之间的映射。这被称为"ISO 20022 光照映射图"。

ISO 20022 光照映射图仅适用于与 ISO 20022 业务领域相关的服务域：支付、证券、贸易服务和外汇。

BIAN Wiki 以 Excel 表格的形式发布了这些映射关系。

2.7　BIAN 服务操作和语义 API

BIAN 对**服务操作**和**语义 API** 进行了规格化定义，以应对银行内部和开放金融生态中的互操作性挑战。

服务操作基于模式进行定义（精化），这在后面各节会进行解释。

如图 2-23 的元模型视图所示，每个**服务域**都提供一组**服务操作**。作为行为的基本单位，**动作术语**体现了对外所提供服务的目的。服务域提供的服务操作通过称为**语义 API 端点**的访问点提供给环境使用。一个服务域的**语义 API** 表示了所有该语义 API 端点的集合。

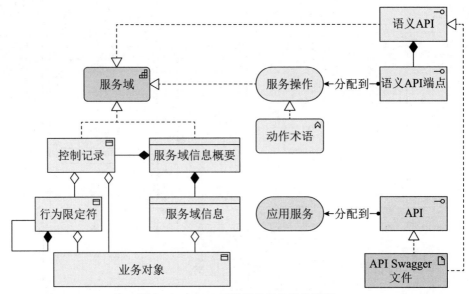

图 2-23　BIAN 元模型的服务操作视图

消息是包含在服务操作中交换的信息，其在语义 API 端点里进行描述，是指服务域的**信息概要**或其任何组成部分。此信息内容也可以表示为业务对象的一种视图，在 BIAN BOM 中有定义。服务操作及其语义 API 可用于定义和设计**应用服务**和 **API**（这不在 BIAN 框架内）。可以从语义 API 生成机器可读的 **Swagger 文件**。通过扩展语义 API Swagger 文件可以创建应用程序 API 和微服务。

2.7.1　服务操作的本质：动作术语

动作术语是体现了服务操作目的的基本行为单位。

BIAN 已经确定了一组标准动作术语，用于体现不同类型的服务操作。每个服务操作只执行一种动作术语。动作术语的集合可涵盖任何服务域可能支持的所有主要服务交换类型。

图 2-24 显示了适用于不同功能模式的动作术语。具有特定功能模式的服务域将具有与这些动作术语相对应的服务操作。

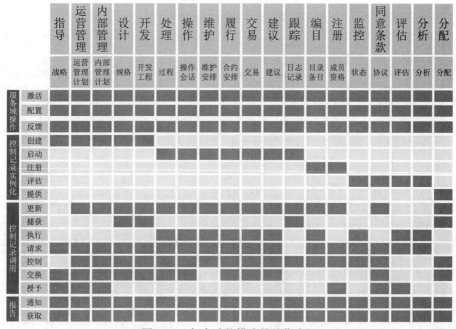

图 2-24 每个功能模式的动作术语

BIAN 动作术语按其影响结果,可分为四大类。这些类别也适用于相应的服务操作:

- 服务域操作:作用于或影响作为服务中心的服务域整体操作的动作术语/服务操作(动作术语:激活、配置和反馈)。
- 实例化:导致创建新的控制记录实例的动作术语/服务操作,即开始新生命周期的一次执行(动作术语:创建、发起、注册、评估和提供)。
- 调用:作用于现有控制记录实例的动作术语/服务操作,通常调用某些函数和/或以某种方式更改/更新其状态(动作术语:更新、控制、交换、捕获、执行、请求和授予)。
- 报告:获取或订阅一个或多个控制记录实例信息的动作术语/服务操作。这些动作不会以任何方式更改实例的状态(动作术语:获取和通知)。

动作术语清单及其说明可在表 2-5 中找到。

表2-5 BIAN动作术语说明

动作术语组	动作术语名称	动作术语说明
服务域操作	激活	开始/开启操作或管理服务。 示例：激活ATM网络操作
	配置	更改一个单元、操作或生产功能运行参数，以实现持续服务/能力。 示例：更改网络中的在线ATM以使机器停止服务
	反馈	捕获与生命周期步骤关联的事务或事件详细信息。 示例：员工根据计划记录在工程上花费的时间
实例化	创建	制造和分发某项物料（考虑的术语：创建/生产/制造）。 示例：创建新的分析模型设计
	启动	开始动作，包括任何所需的初始化。 示例：启动支付交易
	注册	对类目/目录中实体的详细信息进行分类和捕获 示例：捕获新客户的详细信息
	评估	执行检查、试用或评估。 示例：根据现有协议检查产品销售的资格
	提供	指派或分配资源或设施。 示例：分行请求为其柜员分配现金
调用	更新	更改某些控制记录实例的属性值。 示例：通过更改地址更新客户的参考详细信息
	控制	结束，完成活动。 示例：终止使用产品版本
	交换	提供处理控制记录实例的输入/响应。 示例：接受、拒绝、确认、验证
	捕获	针对实例捕获交易活动细节。 示例：记录事件/操作，记录使用情况
	执行	在已建立的设施上执行任务或动作（注意通常会产生结果）。 示例：通过签账卡支付
	请求	请求提供某些服务。 示例：客户请求在结算账户上设置定期支付订单
	授予	允许执行事务。 示例：监管合规授权一项产品设计特性
报告	通知	根据预定义的通知协议提供详情。 示例：订阅来自客户协议服务域的更新通知
	获取	根据要求检索信息/报告。 示例：获取账户余额，获取覆盖活动分析的报告

2.7.2 服务操作主体

服务操作是由服务域公开的业务服务。

服务操作支持对服务域提供的信息和/或功能的外部访问。服务操作的性质或主要目的可以从其动作术语中推断出来，服务操作实际要达成的目标由其所指向的信息概要的一部分澄清。

服务操作可以应用于服务域功能和/或信息的不同级别。它可以在服务域级别起作用，影响其整体操作，也可以对一个或多个选定的控制记录实例进行操作（创建新实例和对现有实例进行操作），还可以通过行为限定符在服务域提供的功能和信息的某些子集上进行操作。

例如，图2-25显示了结算账户服务域提供的一系列服务操作。

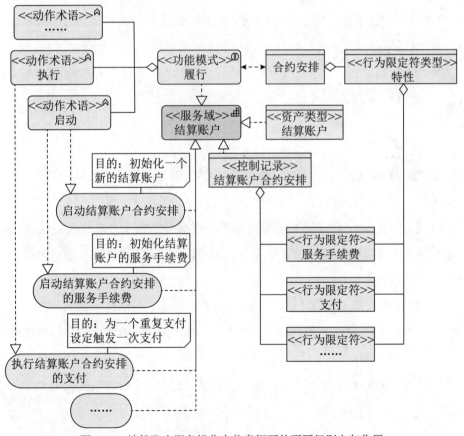

图2-25 结算账户服务操作在信息概要的不同级别上起作用

此服务域的功能模式是"履行",控制记录实例称为"结算账户合约安排"。合约安排的行为限定符类型是"特性"。因此,结算账户合约安排记录被分成几部分,分别表示构成结算账户产品的不同特性。在此示例中显示了两个行为限定符/产品特性:服务费(处理适用于结算账户设施的费用和罚则),以及支付(处理账户的不同类型支付的设置和执行)。

"启动"动作术语会导致创建和初始化新的控制记录实例或已有控制记录的行为限定符实例。对于结算账户,启动动作术语会在控制记录和行为限定符级别产生以下响应。

- "启动结算账户合约安排"将导致建立新的结算账户设施,并酌情启动。
- "启动结算账户合约安排的服务手续费"将导致为现有结算账户建立费用/罚则处理功能。

"执行"动作术语作用于活动的控制记录实例或一个其从属的行为限定符实例。对于结算账户,"执行"操作可能会导致以下结果。

- "执行结算账户合约安排的支付",这将针对已有的支付特性触发支付交易。

2.7.3 语义 API

语义 API 端点为服务域的一个服务操作向环境提供了一个可用的访问点。**语义 API** 是一个服务域的语义 API 端点的集合。

语义 API 及其端点提供关于服务操作的更多详细信息,它们可以被视为服务域所提供的服务操作的高阶规格定义。BIAN 语义 API 概述了服务交换的业务目的和高阶信息内容。

BIAN 标准选择与实现无关。但是,为了支持使用 BIAN 服务域分区,以服务操作作为容器化架构的起点,以及更普遍地使用 API,BIAN 定义已经被映射成 REST[18] 架构风格。

假设 BIAN 服务域与 API 的应用边界(A)相匹配,服务域的服务操作就构

---

18 REST(Representational State Transfer,表征状态转换)是目前银行业中用于 API 开发的最流行的方法。

成了完成 API 描述的程序接口（PI）的集合。BIAN 语义 API 由服务域提供的服务操作规格化集合组成，服务操作的规格格式适合开发人员进行增强/扩展（例如添加银行实现特有的参考属性），且以 REST 架构风格实现。

图 2-26 显示了"结算账户语义 API"及结算账户与其语义 API 端点相关的服务操作示例。这个规格可用于设计例如"开户服务及相关 API""支付服务及相关 API"等应用服务和 API。

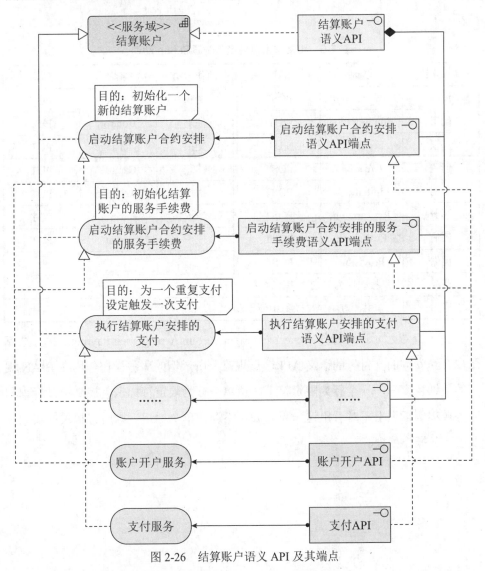

图 2-26　结算账户语义 API 及其端点

如下所示，语义 API 端点以 REST 风格指定。

动作术语被"转换"为 http 方法（或"动词"）和"名词"。

BIAN 规格包括对动作和行为的大量引用，而 REST 架构风格根据定义，仅交换所访问资源的特性和状态信息。因此，动作术语已转换为其名词形式。通过这种方式，动作被重新定义为被执行动作的结果或产出，这样就可以更容易地将其视为资源的属性。动作术语的等效 http 动词及其修改后的名词形式如表 2-6 所示。

表 2-6 将动作术语转换为资源和 http 动词

动作术语	名词	动词	动作术语	名词	动词
激活	Activation	POST	更新	Update	PUT
配置	Configuration	PUT	控制	Control	PUT
反馈	Feedback	PUT	交换	Exchange	PUT
创建	Creation	POST	捕获	Capture	PUT
启动	Initiation	POST	执行	Execution	PUT
注册	Registration	POST	请求	Requisition	PUT
评估	Evaluation	POST	授予	Grant	PUT
提供	Provision	POST			
获取	直接映射为 HTTP GET 动词				
通知	当前并不在 BIAN 映射中使用				

图 2-27 显示了服务操作"executeCurrentAccountArrangementPayment/ 执行结算账户合约安排的支付"的语义 API 端点规范。所示例的服务操作作用在 BIAN 规范的最细粒度——一个行为限定符上，从单个行为限定符标识、控制记录标识和服务域实例标识上不难看出这一点。如果不存在单个标识，则所有相关的实例都要被服务操作处理。

2 解释BIAN架构

图 2-27 BIAN 语义 API 端点格式

在服务操作中交换的输入和输出信息在其消息中表示。消息中列出的属性指向控制记录模型的属性。

BIAN 的端点描述离可实现规格还有很大一段距离。BIAN 语义 API 门户上的 BIAN 服务域服务操作描述只是在形式上像 REST 端点规范，以便于熟悉 REST 架构风格的开发人员采用它们。对于开发人员来说，须尽早认识到这些语义描述与实现级规范规格相差甚远。

2.7.4 Swagger 文件

Swagger 文件是语义 API 描述的机器可读格式（根据 Swagger[TM19]），它可以作为实际实现的起点。

BIAN 为每个服务域提供了一个基于语义 API 生成的 Swagger 文件。

---

19 Swagger[TM] 允许描述 API 的结构，以便机器可以读取它们。

2.8 服务域概览图

服务域概览图从服务域的角度提供了 BIAN 模型元素的完整视图。

图 2-28 显示了"结算账户"的服务域概览图。

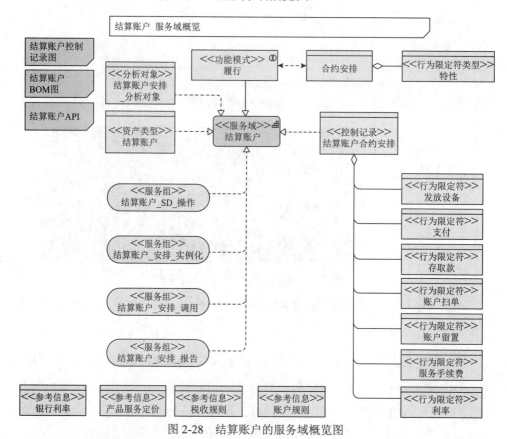

图 2-28 结算账户的服务域概览图

服务域是在资产类型"结算账户"应用功能模式"履行"的结果。由于"履行"的通用工件是"合约安排",行为限定符类型为"特性",因此控制记录为"结算账户合约安排",其还包含了一组描述结算账户合约安排特性的行为限定符。

在服务域级别,提到了一组被引用的信息(例如"银行利率")。

"分析对象"表示服务域不仅管理操作层面的信息,还提供"分析信息"(例如,在此示例中,这可能是结算账户的数量、管理这些账户所花费的时间)。

通过超链接访问到控制记录图和服务域 BOM 图。

图中的服务操作组提醒我们去点击指向 API 门户上的结算账户语义 API 超链接，语义 API 中的 API 端点及消息概述了经 BIAN 规格化了的服务操作。

2.9 BIAN 业务场景和连线图

BIAN 业务场景和连线图提供了服务域如何交互的实际示例。它们不作为 BIAN 标准的一部分，但会包含在 BIAN 框架中，因为它们提供了一种强大的机制来举例说明服务域所支持的角色和交互。

图 2-29 显示了 BIAN 元模型聚焦于业务场景和连线图的部分。

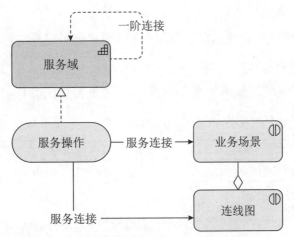

图 2-29 BIAN 元模型的业务场景和连线图视图

业务场景描述了 BIAN 服务域相关的服务操作将如何协同工作，以响应事件。为了产生场景所需的结果，需要通过服务操作实现服务域之间的服务连接。

连线图是对所选择的服务域之间的服务连接的描述。

两个服务域（一个提供服务，另一个使用服务）之间的服务依赖关系被称为"一阶连接"。

2.9.1 业务场景

业务场景是服务域之间为响应业务事件而进行的一系列连接的交互。

BIAN 引入了业务场景作为一种机制，为产生特定结果，业务场景建模为服务域之间进行的交互。这种简单的技术会识别所涉及的服务域,以及业务事件或事务处理相关的服务操作交换。业务场景类似于流程设计,但初衷不同:业务场景的处理流之间不是紧耦合的,只是设定以合理的顺序去阅读,即每个交换都是松耦合/异步的,且没有正式地去捕获任何开始/结束依赖项。

业务场景并不是为了定义标准流程,而是其可能行为的一个可行示例;也不求完全穷尽所有场景或覆盖完整场景,它只需要包含足够的上下文,来阐明在所考虑的服务域上的目标动作即可。

所有可能的金融服务业务活动,都可以使用从服务图景中选择的适当的服务域,将它们建模成一种协作模式。BIAN业务场景不是一个正式的设计,而只是一种可能的协作模式的原型实例。

通过提供实际示例,BIAN还使用业务场景来阐明服务域之间服务交换的本质,以及服务域的角色。

BIAN业务场景的示例如图2-30所示。业务场景使用UML时序图进行展现,业务场景中涉及的服务域表示为生命线。

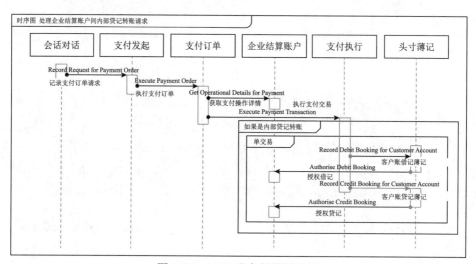

图2-30 BIAN业务场景图示例

2.9.2 连线图

连线图表达了一组选定的业务场景下服务域之间的一组路径,通过服务域的服务操作进行路径串接的图。

连线图是所选服务域相关服务操作连接的静态展现。连线图模型的范围包括那些直接或间接参与业务操作有限方面的服务域。它通常仅包括响应所选业务事件时有直接参与的服务操作。连线图不是正式的或规范性的设计规格,它仅提供了上下文相关的服务域依赖关系和交互的可行示例。

连线图是一个静态模型,显示了服务域之间(所有相关)的可用连接。相反,业务场景是一个动态模型,显示了一种由某些业务动作或事件触发的交互集合模式。换句话说,连线图更像城市地图,显示了服务域之间可能的服务连接路径,业务场景则代表了穿越城市的一条路径。

图 2-31 显示了 BIAN 连线图的示例。连线图使用 ArchiMate 能力地图进行可视化。

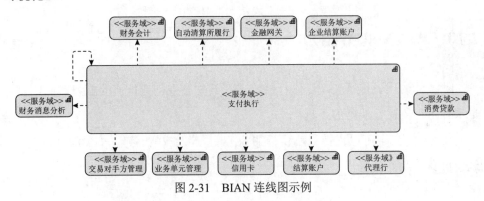

图 2-31　BIAN 连线图示例

2.9.3　服务连接

服务连接是由服务操作实现的两个 BIAN 服务域之间的连接。

图 2-32 显示了服务连接的示例。"执行支付交易"是服务域"支付订单"和"支付执行"之间的服务连接。此连接由支付执行服务域的服务操作"启动支付执行过程"实现。服务连接在表示业务场景的 UML 时序图上表示为"消息",此"消息"是指实现它的服务操作。服务连接"执行支付交易"由服务操作"启动支付执行过程"实现。

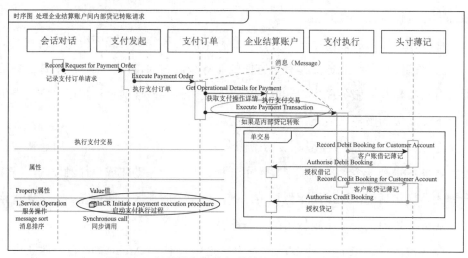

图 2-32　与其服务操作相关的 BIAN 服务连接示例

2.10　BIAN 业务能力

业务能力代表银行实现其银行战略并在其生态中创造价值的能力。业务能力是银行定义其银行战略的工具[20]。

BIAN 定义了可以支持战略目标的业务能力，这些业务能力也可以启发银行创建自身的业务能力。

BIAN 业务能力可分解为更多业务能力。图 2-33 是客户管理业务能力的分解视图。如图 2-34 BIAN 元模型视图所示，为实现金融机构的业务目标，BIAN 提供了一组**业务能力**来实现**银行战略**（银行战略不作为 BIAN 框架的一部分）。业务能力可以由其他业务能力组成，BIAN **服务域**是这些业务能力的原子能力构建块。BIAN 业务能力可以描述为服务域之间的协作，由一系列的服务域服务一个 BIAN 业务能力。每个服务域都可以是多个业务能力的构建块。

20　在银行或金融机构内实现业务目标的粗粒度行动计划（ArchiMate® 3.1 规范）。

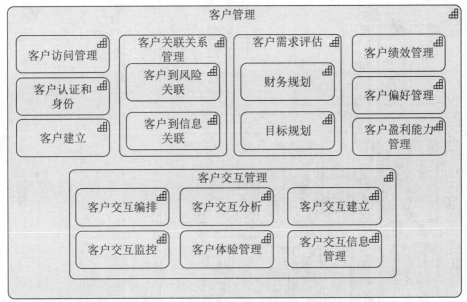

图 2-33 客户管理业务能力分解视图

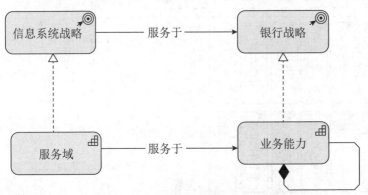

图 2-34 BIAN 元模型的业务能力视图

建立业务能力以实现银行战略，建立服务域以实现信息系统战略（这在第 5.1 节中进一步解释）。

BIAN 在业务能力模型中表示其业务能力。图 2-35 表示了最高阶的业务能力概览。业务能力表示为 ArchiMate 的能力。业务能力模型表示为 ArchiMate 的能力地图视图。

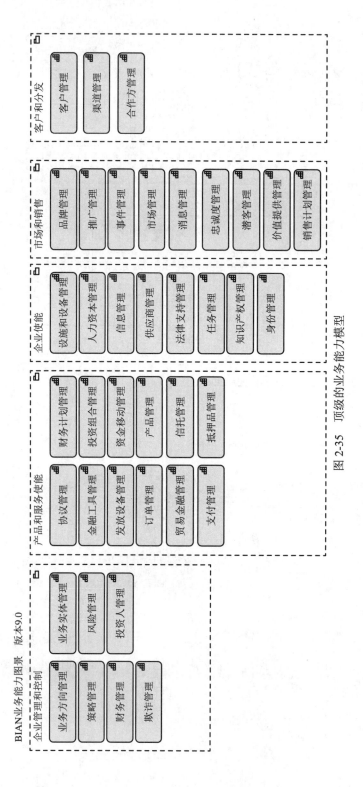

图 2-35 顶级的业务能力模型

2.11 自我测试

1. 哪些陈述是不正确的？

A. BIAN 服务图景是一种将 BIAN 服务域分组到业务域中的表示形式，这些业务域随后又被分组到业务领域中。这将创建一个便于查找和访问服务域的访问路径。

B. 服务图景具有业务领域、业务域、服务域的层次结构，旨在为一个银行的组织提供设计蓝图。

C. BIAN 的业务场景代表了应该由一个银行执行的流程。

D. 当多个服务域作用于同一资产类型时，它们的功能往往会重叠。

2. 哪些陈述是正确的？

A. 服务域是根据模式构造的。它通过在资产类型的实例上执行功能模式来履行其角色。

B. 服务域的控制记录表示有关资产类型的信息，以及执行功能模式（通用工件）的核心信息。

C. 控制记录描述了由服务域治理的主要业务信息。

D. 服务域负责在资产实例的整个生命周期内执行功能模式，并相应地管理控制记录。

3. 哪些陈述表达了可以信任 BIAN BOM 为金融部门提供了信息架构的参考模型？

A. 服务域的控制记录可以分解为行为限定符，从而生成服务域 BOM。

B. BOM 内容和结构模式确保控制记录模型的一致性。

C. 服务域 BOM 是根据业务对象建模方法对每个 BIAN 服务域的信息需求进行建模的结果，就如其控制记录所展现的那样。

D. BIAN BOM 是各个服务域 BOM 合并的结果。在所有服务域 BOM 中一致地应用内容和结构模式，可以确保其一致性。

4. 哪些陈述说明了 BIAN 如何寻求为服务交换提供标准？

A. 每个服务域都提供一组服务操作。服务域的功能模式体现了其所提供服务的目的，该模式作用在服务域信息概要上的一部分。

B. 服务操作可以应用于服务域功能和／或信息的不同级别。它可以在服务域级别起作用，影响其整体操作。它可以对一个或多个选定的控制记录实例进行操作（创建新实例和对现有实例进行操作）。它可以通过行为限定符，在服务域提供的功能和信息的某些子集上进行操作。

C. 语义 API 端点提供有关服务操作的更多细节。它概述了服务交换的业务目的和高阶信息内容。

D. 可以基于语义 API 规范生成 Swagger 文件，这将生成可执行的应用服务。

第二部分
BIAN 的应用

可以期待什么

本书的这一部分旨在提高企业客户对使用 BIAN 架构方式的认识和理解。

本部分将以一种尽可能独立于任何方法论的方式阐述应用 BIAN 架构的不同途径,而不是解释 BIAN 架构活动的组织方式和利用方法。不论是通用的,还是企业特有的架构实现,读者都需要熟悉这些架构支持活动的目标和方法[21]。

本部分会使用虚构但又有现实基础的案例,解释如何为了不同目的去应用 BIAN 架构。借此,读者会认识到 BIAN 架构的有用性,并受到启发,在其组织中去考虑应用 BIAN。读者会了解如何将 BIAN 投入使用,并能够根据企业自身的方法将其应用到现实的环境中。

---

21 方法和技术。

为了充分理解本书的这一部分，读者需要熟悉架构层次这个概念（战略、业务、应用和技术），连同企业动机和实施与迁移方面的知识。如图3-1所示。

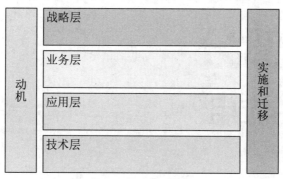

图3-1 架构层次

读者需要理解企业、领域和系统级架构上的变焦级别概念。

由于这是许多架构师的常识，因此我们不会在本书的这一部分解释这些概念。不熟悉这些概念或对使用与方法论无关的术语有任何疑问的读者，建议阅读附录B.1和B.2中的相关章节。

3 应用 BIAN

银行使用 BIAN 的多种方式中有一组共同点,这些在本部分的第一个章节(第 4 章)进行解释。

随后的章节会详细阐述 BIAN 为银行的不同管理视角和不同架构视角提供的支持,这些支持与 BIAN 提供的通用能力相关。

第 5 章分析了作为参考框架的 BIAN 服务图景及其服务域的独特能力,BIAN 参考框架提供了一个反映银行现实的多维整体视图,通过服务域可以将战略与银行的运营联系起来。

服务域可以用作每个企业蓝图的构建块,提供通用的管理参考框架。该参考框架可以被用于企业不同领域方向,从价值和风险管理、需求管理、绩效管理、架构管理以及投资和变更组合管理等管理角度审视企业。通过使用基于 BIAN 的通用参考框架,可以促进这些领域之间的合作。该参考框架作为通用报告画布,可以为企业管理层提供整体视图。

第 6 章和第 7 章将分别介绍 BIAN 用于业务层和 BIAN 用于应用层的内容,应用层章节会涉及技术层内容。

后面是两个纵切的章节,第 8 章将讨论 BIAN 用于信息和数据,第 9 章将讨论 BIAN 的互操作性,通过纵向切入不同的架构分层来描述这一架构方面。

每一章描述都从如何在企业和领域架构层面使用 BIAN 开始,并以在系统架构和设计层面上使用 BIAN 结束。

我们通过两类例子来说明 BIAN 的使用,第一类是 BIAN 成员的真实例子,第二类是虚构但符合现实的 M5 银行集团的例子。M5 银行集团场景出现在本书这一部分的所有章节中,它是基于真实金融机构的真实案例,并为此目的进行了调整。

本书这一部分中使用的插图均为非正式表示，仅用于说明目的，它们出自不同的来源，因此使用了不同的表示风格。即使是使用 ArchiMate 语言来表示，也应该被理解为非正式的插图，而不是架构文档。

以 ArchiMate 和 UML 表示架构是基于 BIAN 8.0 版本。其他的表示内容摘自 BIAN 的成员的演讲。它们使用不同版本的 BIAN 架构，最早可以追溯到 2015 年。

我们使用的 BIAN 的版本以及在架构和设计表示语言上缺乏统一性是特意的选择，这说明 BIAN 的版本是兼容的，而且每个版本都比前一个版本更加丰富。尽管 BIAN 决定使用 BiZZdesign 的 Enterprise Studio 工具和 ArchiMate 及 UML 语言来记录其架构，但 BIAN 的成员并不是必须使用相同的工具和表示语言。

M5 银行集团介绍

M5 银行集团是一家中型国际金融机构集团，是过去几十年收购和合并的结果。

M5 银行集团来自 Homeland，其总行 M4 银行本身就是 A 银行和 C 银行合并的结果。在 Awayland，M0 银行是 M5 银行集团最重要的成员，这家银行在企业战略上与 M4 银行相似，它希望成为一家以客户为中心、多产品、多渠道的银行，在开放 API 经济中处于领先地位，然而，它在应用和技术领域都与 M4 银行相反。M4 银行为 Homeland 的所有银行提供应用支持，Homeland 应用平台高度组件化、完全服务化并与 BIAN 架构保持一致。相反，M0 银行拥有一个应用平台，由企业购买的商业现成软件组合而成。

M5 集团通过收购实现增长的战略开始失效。除其他因素外，该集团的盈利能力还受到分散的 ICT 支持的高成本的影响。分散的 ICT 支持也会影响集团管理信息的质量，及其遵守不断增长的监管要求的能力，它影响了集团对不断变化的银行环境作出适当反应的能力。集团管理委员会发起了一项战略行动，这导致了银行集团转向截然不同的战略。

集团协同现在成为 M5 银行集团的重点战略方向之一。其主要原则之一是"服务是我们的方向",对企业组织和信息系统战略都有效,如图3-2所示。

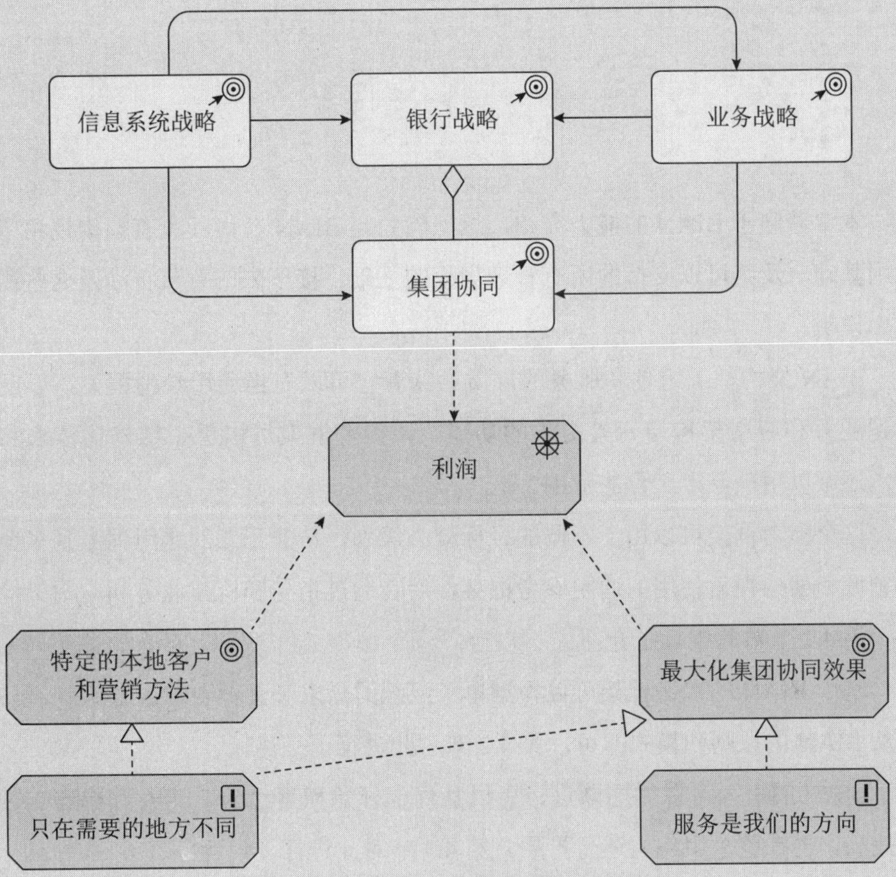

图 3-2 M5 银行集团的集团协同战略

4 BIAN 能做什么：通用能力

本章着眼于 BIAN 的能力介绍，这些能力是 BIAN 在银行所有架构视角中的应用基础，及其可以支持的所有管理规程的基础。接下来的章节将涉及这些通用能力说明。

BIAN 架构基于组件和服务的性质意味着它可以充当通用参考框架，以明确标识业务和应用架构层元素提供的功能。该参考框架可以用于结构化需求和评估，还可以用来界定工程的范围。

这个参考框架可以用于不同的目标雄心级别，从非正式的通用词汇到多个管理领域和架构视角使用的通用参考框架，后者通过指导和构建业务和应用架构实现。第 4.1 节对此进行了介绍。

基于 BIAN 的参考框架可以根据单个组织的需求和具体要求进行定制，只要遵从 BIAN 的原则和模式即可。第 4.2 节对此进行了描述。

BIAN 的引入可以循序渐进，可以从局部开始积累经验，随着目标雄心级别的提高，再在整个组织内逐步扩展。第 4.3 节对此进行了说明。

4.1 BIAN 作为参考框架

一家银行的组织（或称业务图景）和应用平台（或称应用图景）通常是多年演进的结果，这种演进往往发生在 IT 孤岛上，从而导致类似的业务功能在多个部门中实现，并由不同的应用系统支持。这导致业务孤岛与应用平台之间的比对、沟通、合作的困难，并容易产生误解。

开放银行的演进（变）增加了银行与外部伙伴间合作的压力——这种合作使得上述问题的影响面更广。

BIAN 通过提供通用语言和通用参考框架，为这一互操作性挑战提供了解决方案。

BIAN 的服务图景包含银行运作所需的所有基本能力构建模块。这些构建块，即 BIAN 的服务域，符合 MECE 原则，即所谓相互独立、完全穷尽，它们是在概念上、纯粹语义层面上进行定义和界定的——它们表达了银行需要能够做什么。服务域跟银行选择如何、在哪里和由谁来实现业务是不相关的，即同功能、流程、地点、组织单位、服务提供商和合作伙伴等方面都无关。它们同应用层或技术层怎样和用什么来支持业务层[22]也是不相关的。因此，BIAN 的服务域在时间上是稳定的。

BIAN 的服务操作，如在语义 API 端点中所述，是服务的基本、稳定的构建块，用于支持服务域提供的功能，这些功能将被编排为向银行客户和其他利益相关方提供的服务。

BIAN BOM 为银行所需的信息提供了基本的构建块。集合内的服务操作和业务对象是相互独立的，而完全穷尽是一项不断完善的工作。

BIAN 提供一个参考框架，这是一个稳定的、独立于时间和组织的银行视图，具有三个主要视角：功能（服务图景及其服务域）、服务互操作性（服务域及其服务操作）和信息（BIAN BOM 及其业务对象）。

在本节中，我们将详细介绍 BIAN 服务图景及其作为通用语言和参考框架的服务域集合的使用。这里所讨论的主题也适用于其他两个视角，关于参考框架的信息和互操作性视角的具体细节，详见第 8 章和第 9 章。

4.1.1 通用词汇

企业可以逐渐引入 BIAN 并用于不同的目标雄心级别，简单地将其当作通用词汇是其最低水平的级别。

使用 BIAN 作为通用语言和参考框架可能是一种相当非正式的一次性行为，

---

[22] 组织通过三个协作层发挥作用：业务层（与客户交互并提供服务）、应用层（提供信息系统的使能和支持业务层）、技术层（使能应用层发挥作用），这些层在附录 B.1 架构层和方面一节中有更详细的解释。

BIAN 通过提供通用词汇，可以解决一个项目中、多个项目之间或与潜在服务提供商和软件供应商之间的语言混乱问题。这并不意味需要一个长期的雄心。

> XYZ 银行的管理团队希望理顺银行的内部组织。
>
> 在试图描述今天做了什么，以及将来应该如何划分责任时，他们面临着语言问题。每个部门都有自己的词汇，这导致了许多误解和责任划分不明确的情形。
>
> 管理团队决定聘请 BIAN 专家作为语言老师和翻译，帮助他们进行讨论，并用通用、明确的语言表达他们的要求和决定。他们使用 BIAN 服务域作为基本责任单位来划分彼此的责任。
>
> 一旦对新的组织架构达成一致，就不再需要 BIAN 在决策的实现中继续发挥作用。

4.1.2 通用参考框架

服务域的角色不会改变，即使它们的实现方式和协作模式可能会随着行业实践和解决方案的发展而改变。因此，服务域非常适合从长远、系统性的角度使用。为了充分发挥 BIAN 参考框架的潜力，企业需要树立这样的目标雄心级别。

BIAN 的服务图景及服务域可以作为**通用参考框架**[23]进行系统性的应用，而不仅仅是一种讨论功能的通用语言。BIAN 用于系统地、明确地**标记**业务解决方案提供的功能，例如业务流程和业务部门，可用于标记应用解决方案提供的功能。每个解决方案的功能都可以根据 BIAN 构建块进行分解，然后，该解决方案会用相应的服务域进行标记。或者可以说，在高阶概念层面上讲，解决方案的功能是通过枚举其映射到的 BIAN 服务域来描述的。

项目范围也可以根据受影响的服务域来描述，如图 4-1 所示。

---

23 基于 BIAN 的参考框架：BIAN 提供的一组参考或锚点，可以对构成银行的元素进行独特的理解和定位。

4 BIAN能做什么：通用能力

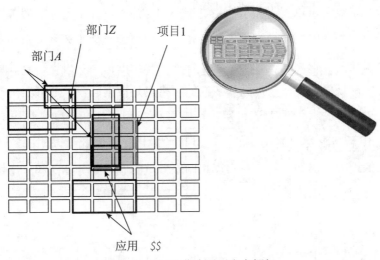

图 4-1 BIAN 作为通用参考框架

该通用参考框架具有一系列可能的应用，包括比较组织的职责、确定应用组合中的差距和重复、指定软件包的功能、优化项目群。使用 BIAN 作为通用参考框架实现了 BIAN 框架的主要目标，我们将在后续章节中进一步讨论。

4.1.3 添加特性

稳定的、基本的服务域划分也提供了极好的**记录特性**的**锚点**，BIAN 参考框架鼓励通过添加特性来增强其模型元素。

在讨论添加特性时，重要的是要记住，BIAN 的服务域是概念性的构建块。它们描述了银行和其合作伙伴需要具备的能力，这是以规范的方式完成的，意味着只描述主流功能，后续银行可以在概念层面添加更详细的功能描述，以澄清服务域的责任。这些功能被添加到实际的 BIAN 模型元素中，被认为是定制 BIAN 模型的一部分，如第 4.2.1 小节所述。

BIAN 的服务域作为概念构建块，可以在不同的地区或业务条线实现。它们也可以通过不同的应用来实现。在这种情况下，特性实际上并没有添加到模型元素中，而是添加到业务级或应用级上的模型元素实现中。服务域是记录的锚点[24]。

---

[24] 对每个架构师和设计师而言，界定稳定、独立且全面的记录构建块是一个令人头疼的问题，至少对于高阶规格，BIAN 提供了强有力的支持。

这些"锚点"可以基于**需求规格**进行归因，注意，如上所述，服务域的每个实现都可以有不同的需求。举例说明，使用通用参考框架来记录需求和实际系统规格的好处在于，根据参考框架结构化描述新系统的需求，可以很容易地与可能的解决方案的规格进行比较，因为它们的规格也是根据同一参考框架构建的。

基于 BIAN 的参考框架还可用作所有**评估**类型（估计、度量等等）的记录"锚点"。由于需求是根据相同的结构进行的规格化，因此可以明确地评估针对这些需求的绩效。例如，允许对实现相同服务域的不同业务部门和应用解决方案的绩效进行一对一的比较。

4.1.4 组织和利用文档

系统性地使用 BIAN 作为参考框架意味着，所有文档记录至少都带有相关服务域的标签，并且最好根据相关服务域进行组织。可以通过借助使用 BIAN 的制品来作为**架构和解决方案文档的索引**，这有助于根据 BIAN 模型元素检索和识别所感兴趣领域的相关文档。

国际化的 M5 银行集团决定创建支付集团服务，其范围用 BIAN 服务域表示。

幸运的是，该集团已经引入了 BIAN 模型，并将其作为通用参考框架。在整个企业架构实践中，已经在 BIAN 服务图景上完成了业务流程和应用系统在 BIAN 服务图景上同业务功能快速而粗粒度的映射，应用映射的例子如图 4-2 所示。

这项工作的结果记录在集团的架构仓库中，并建立了服务域索引，因此找到项目的利益相关方并不困难，还可以轻松找到对支付处理感兴趣的业务流程。可以高度可靠地推导出需要为支付集团服务的需求做出贡献的组织，以及那些迁移到该集团服务将受到影响的组织。

由于涉及不同国家、银行和业务条线的利益相关方，新支付集团服务的需求以 BIAN 语言进行记录，并按照与方案相关的每个 BIAN 构建块逐一记录。

为了选择此集团服务的应用平台，将集团中可用的支付系统的业务功能与选定的应用服务提供商和软件包提供的业务功能进行比较。为了能够比较竞争者在功能和非功能需求上的差异，必须在内部竞争者身上花费一些精力，他们需要将可用的绩效报告映射到BIAN参考框架上。

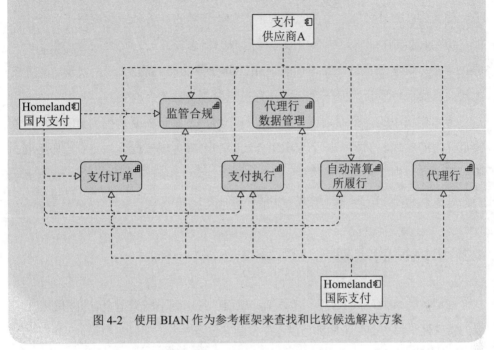

图4-2　使用BIAN作为参考框架来查找和比较候选解决方案

4.1.5　参考架构的构建块

BIAN作为参考框架，有助于明确识别在业务层级上做什么、在哪里、由谁完成以及在应用级别上做什么，这可以被视为被动使用。

银行可能希望更进一步规定如何、由谁以及用什么来完成事情的模式和标准，并想要推行一个企业参考架构。应用BIAN通用参考框架的最终雄心目标是，使用构建块和BIAN原则作为**企业参考架构**的基础。BIAN在指导和构建银行的业务和逻辑应用架构方面会发挥积极作用。

参考架构的模式规定了将构建块放入上下文中的可重复方式，和一个问题的可重用的解决方案。除其他事项外，标准还规定了在这些模式中使用哪些构建块。标准构建块的一个示例是 M4 银行的参与方管理应用。模式的一个示例是，用于向客户提供对其产品的安全访问的应用时序。模式也存在于业务层面，例如推出新产品时涉及的所有部门。

这些模式和标准的问题在于，它们随时间而不同，例如随着业务组织和应用平台的变化；并且可能在空间上不同，例如，依赖于业务条线和应用平台。

BIAN 通过详细阐述一个由服务域组成的概念模式，为此类问题提供了一个解决方案。这些服务域在某个时刻，由实际业务功能/部门/应用实现。这个实现层面需要保持最新，但概念层面只有当环境改变时才会改变。

参考架构中的一个原则还可以是，每个解决方案都需要被视为 BIAN 的一组模型元素的实现。例如，一个应用组件实现一个服务域聚合群，而应用服务（封装应用组件）则实现服务操作。

在接下来的章节中，我们将进一步解释如何使用 BIAN 作为企业参考架构的基础。

4.2 BIAN 的定制

BIAN 是金融行业的通用参考框架，然而，考虑到不同类型金融机构都有其自身的特殊性，每个金融机构都可以考虑定制其自身参考框架以实现最佳匹配，当然其中一个前提条件是要遵从 BIAN 架构的原则，以及创建模型元素所依据的模式。

定制化的 BIAN 参考框架将促进其被特定组织所接受，并增强其组织的可用性。但这可能会降低与供应商、合作伙伴和其他利益相关方，例如监管机构等沟通的便利性，另外，跟上新的 BIAN 版本也更加困难。因此，强烈建议企业管理好自己基于 BIAN 的参考框架和 BIAN 提供的基础版本的关系。

4.2.1 细化规格和模型

BIAN 模型元素的文档旨在定义主流的特性。

BIAN 服务域的定义，将内部功能视为黑匣子，BIAN 不尝试指定任何内部工作模式。BIAN 只是从高阶阐明了服务域应该提供哪些业务功能以实现其业务目的。

请注意，服务域描述并不是说明其角色的唯一信息来源。控制记录和相应的服务域 BOM，以及语义 API 端点和消息，进一步阐明了服务域的功能。服务域在 BIAN 提供的业务场景中扮演的角色也有助于对其更清晰的理解。

银行可能希望更详细地阐述服务域的规格，使其变得更加具体，和/或与譬如法律约束或企业的独特实践保持一致。在详细说明规格时，应该小心地停留在需要实现什么的层次上，而不是在如何实现以及用什么来实现上。随着认识和实践、法律和法规的不断发展，以及 ICT 支持的日益进步，如何实现以及用什么来实现也将会发生变化。而为客户和其他利益相关方提供服务所需实现什么样的目标，或者一组服务域，将始终保持稳定。

企业如何实现以及用什么来实现目标，在时间上和地点上都可能不同。每个企业都可能有自己的业务流程、应用和技术，具体化的服务域规格不应与描述实现的需求相混淆。

BIAN 的服务域**控制记录**和 **BIAN BOM** 有不同的详细描述，以实现模型清晰度与行业通用性之间的平衡。

控制记录可以通过添加更多属性和更详细的结构来详细化，包括行为限定符、子限定符等（如第 2.5 节中所述），BIAN BOM 可以通过添加属性和详细结构来进行细化。

4.2.2 组织特有的参考框架

BIAN 的服务图景旨在支持所有类型的金融机构，其服务域旨在成为金融机构基本能力构建块的规范定义。这种类似服装均码的做法可能非常适合银行，但同样，银行也可能更喜欢进行一些调整以达到与自身实际的完美契合。

定制 BIAN 服务图景及其服务域最有可能发生在（但不限于）产品履行相关的服务域，因为银行希望让这些服务域与其产品组合保持一致。BIAN 新版本的不断发行表明，BIAN 本身会根据其成员机构的反馈意见，不断微调其服务图景的各个领域。

银行可能希望定制 BIAN **服务图景**和**服务域**，以更好地适应银行的特殊性和法律要求，将服务图景塑造成银行特定的参考框架，主要涉及两个步骤：选择，随后可能是定制。

选择

显而易见，创建企业特有的参考框架或定制 BIAN 模型的第一步，是移除那些与银行不相关的服务域。

定制

银行可以通过创建银行特有的业务领域、业务域结构，来创建自己的服务图景体系。由于此结构定义了服务域的搜索和访问路径，因此根据银行的视角对其进行定制，有助于其采用 BIAN 框架。

银行还可以定制服务域，这种情况更为普遍，需要注意的是，要保留 BIAN 框架的原则以及从 BIAN 框架升级中获益的能力。

定制服务域可能意味着重命名服务域，还意味着拆分或合并服务域以及创建新的服务域等。

重命名是对服务域最简单定制，根据银行自己的术语对服务域命名进行调整，这不会带来结构性影响。

当银行认为基本服务域粒度太粗时，可能会进行服务域拆分，或者，当基础版本被认为粒度太细时，可能会涉及服务域合并。

尊重架构原则

企业细化和定制活动需要尊重 BIAN 架构的原则，服务图景及其组成的服务域需要与 BIAN BOM 保持一致。

服务域应该是一个合理的业务服务中心，它提供业务可识别的功能，并且粒度足够粗，可以供想象中的一个专门团队来执行它。

服务域的范围也应该严格限定，所有预期对其他服务域独立有用的功能都被外部化。

服务域的定义应符合 BIAN 的服务域模式，即功能模式作用于资产类型上。控制记录及其作为服务域 BOM 的表示，应与功能模式的通用工件与资产类型的组合保持一致，并根据控制记录的模式进行更详细的阐述，即其行为限定符应符合行为限定符类型。

BIAN BOM 也可以定制，但需要与 BOM 的内容和结构模式保持一致。显然，它需要符合信息建模规则，每个业务对象实例都需要由服务域管理，因此，它需要出现在其服务域 BOM 中。

鉴于其新的集团协同战略，M5 银行集团决定建立集团范围内的企业架构能力。BIAN 在项目期间提供了通用语言和通用参考框架，帮助企业战略具备可操作性。企业架构团队决定深入使用 BIAN，他们认为有必要根据 M5 银行集团的情况对 BIAN 进行定制。

企业架构团队认为，最好与更通用的产品服务域合作，每个成员银行的产品目录都不同，但作为确保履行产品协议后台的产品工厂会根据产品特性而不是商业展示来支持产品。图 4-3 显示了对履行贷款协议的多个服务域的合并。功能模式仍然是实现，资产类型则被通用化。

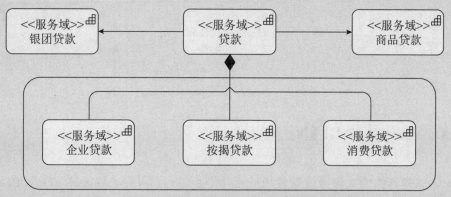

图 4-3　M5 银行集团贷款产品履行服务域通用化示意

企业架构团队还决定创建一个单独的"定期委托"服务域，原因是"定期委托"资产类型被认为独立于"结算账户"[25]。

如图 4-4 所示，这个新服务域"履行"（功能模式）"定期委托"（资产类型）的"合约安排"（通用工件），行为限定符"定期委托"成为一种资产类型，其从公司结算账户服务域的控制记录中移除。原来在公司结算账户服务域 BOM 中的"支付服务安排"，成为新服务域 BOM 中的"定期委托协议"，

25　这实际上发生在 BIAN 版本 9 中。BIAN 感谢其成员行的投入，并根据它们的建议更新其模型。

该业务对象通过"支付指令相关账户"保持与结算账户协议的关联。

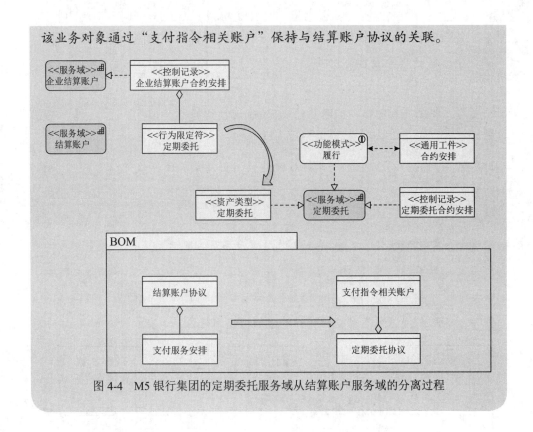

图 4-4 M5 银行集团的定期委托服务域从结算账户服务域的分离过程

4.3 逐步引入 BIAN

BIAN 作为通用参考框架使用的目标雄心级别，可以被视为逐步引入 BIAN 的一个维度，其他逐步引入 BIAN 的维度包括受影响的业务和应用领域。

银行从业务条线驱动的业务架构和基于流程的应用架构发展到基于服务的图景架构，很少能够通过一次性"大爆炸"操作完成迁移。然而，渐进迁移的风险是返工，例如，如果新组件没有被正确地划分的话。

附录 B.2 中描述的变焦方法有助于对变更领域进行界定和优先排序，并详细阐述现实的迁移场景。

BIAN 的服务图景支持这种变焦方法，它不仅提供了候选组件，还提供了一个画布，来界定银行中不必参与第一阶段的领域，以及那些需要首先详细阐述的目标架构的领域。

BIAN 参考架构提供的稳定可靠的构建块界定，大大地降低了逐个架构领域顺序或并行迭代导致的固有的返工风险。

不需要在全行范围内一次性全部使用 BIAN，当然，范围越广，BIAN 模型的杠杆作用就越大。但即使在项目层级上，BIAN 提供的通用、稳定的构建块界定，也是经得起未来考验的、独立设计的拼图式良方。

当新的服务用户开始使用 BIAN 的构建块时，"拼图块"本身几乎不需要做适配，为了加入企业服务拼图，服务用户对于通过服务调用交换哪些功能，具有干净且健全的需求。

逐步引进同长远的雄心目标是相辅相成的，虽然银行的一个部门可能已经符合基于 BIAN 的参考架构，但另一个部门可能正在使用通用参考框架来评估其图景，而另一个部门可能只是通用语言的被动使用者。

> M4 银行是 M5 银行集团的前身，也是 BIAN 的先锋用户，当其结算账户和储蓄账户从基于文件的系统迁移到基于数据库的系统时，它详细阐述了基于服务的架构的核心。
>
> 同时，M4 打造了总行之外的第一个接入通道：分公司员工接入。图 4-5 灰色虚线显示了新建的、面向服务的、基于组件的应用架构的第一批组件。
>
> M4 仅根据结算账户、支付订单和储蓄账户三种产品的需求，详细阐述了基于服务的组件架构。
>
> 第一序列的通用服务，例如参与方认证、参与方参考数据、客户往来通信、头寸簿记、支付执行、监管合规等，与 BIAN 服务图景非常匹配，这些应用被证明经得起未来考验。一整个序列的其他产品（以粗虚线表示第一批采用者）可以很轻松地接入这些服务[26]。添加新的访问渠道时，不需要对产品应用进行重大修改，因为渠道逻辑已经与产品履行逻辑整齐地分离了。

---

26 M4 银行参加了应用开发生产力基准测试，并获得了第一名，比其他参与者要好得多。该基准并未计算 ICT 组织在给定时间内实现的代码行数，而是计算交付的业务功能。考虑到引入新产品、渠道或其他新业务编排时可重用服务的数量，毫不奇怪，M4 银行 ICT 部门的生产力明显优于其他基准测试参与者。

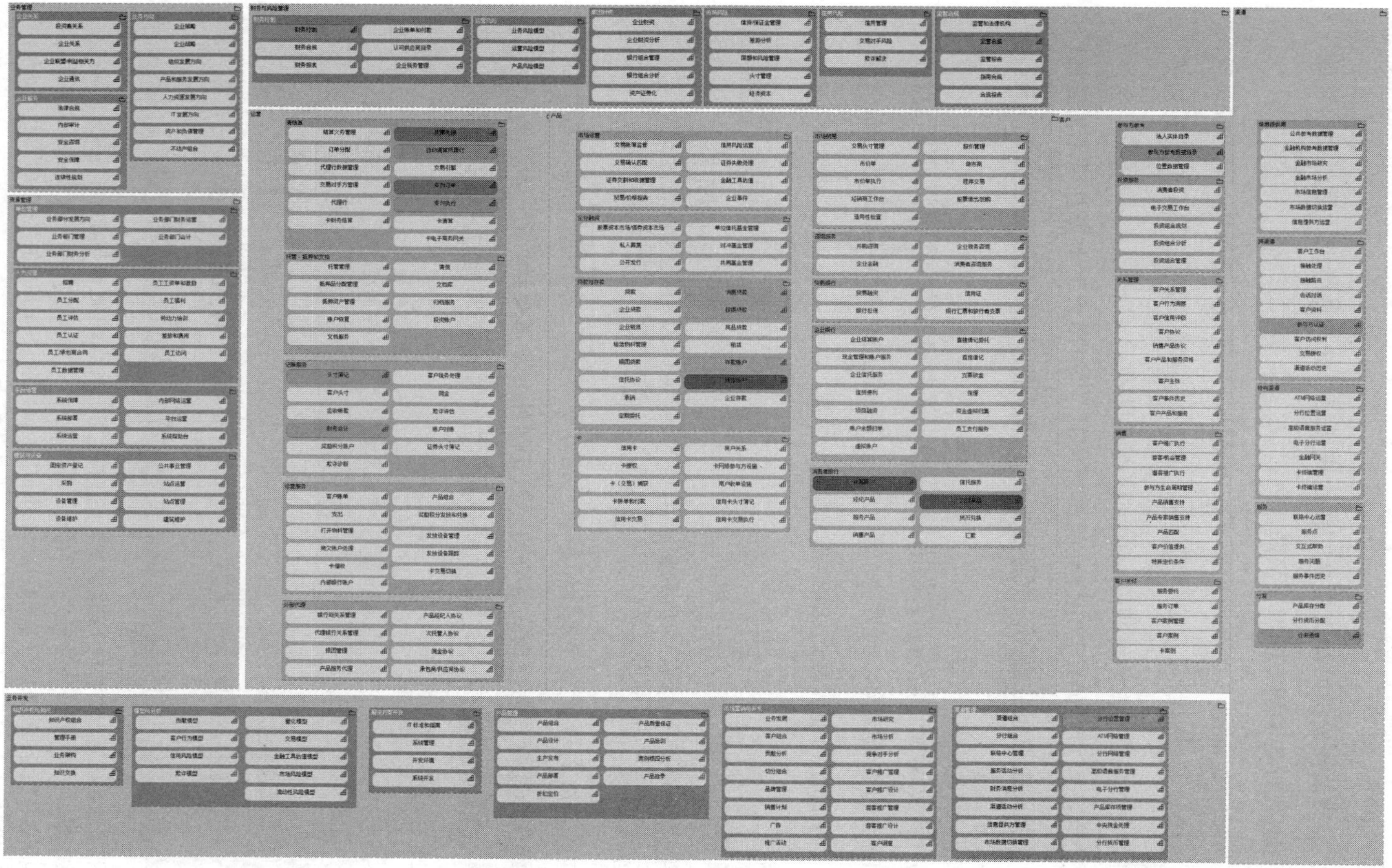

图 4-5 M4 银行新应用平台（1970 年后期）的头一批组件到 BIAN 服务图景的映射[27]

[27] 对于服务域名称不可读的事实，我们深表歉意。该图的目的是让您了解 M4 银行的系统与 BIAN 架构的对齐程度，有关此图的在线版本，请在 Van Haren 官网查阅本书页面并免费下载图片。

4.4 自我测试

1. 以下哪些陈述表达了定制 BIAN 架构的正当理由？
A. 法律义务可能需要特定的功能界定。
B. 金融机构的产品组合需要体现在产品服务域中。
C. 如果服务域的名称与银行使用的词汇一致，那么服务域将更容易被理解。

2. 关于如何使用 BIAN 标准，哪些说法是正确的？
A. 作为改善沟通的通用词汇。
B. 作为绘制和比较业务及应用解决方案业务功能的通用参考框架。
C. 作为架构仓库的索引。

3. 对或错：对于整个企业和在所有变更倡议中，只有系统地使用 BIAN 才有意义。

5 BIAN 用于整体企业视图

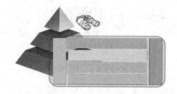

金融机构是一个复杂的生态系统，随着数字化、开放银行和银行参与开放 API 经济的不断发展，这个生态系统变得更加广泛和复杂。

就像在任何大型组织中一样，指导—运营—评估—改变[28]的循环是按层次组织的。企业高层要监督业务条线，业务条线要监督生产部门，生产部门要监督实际系统[29]的运行，可能需要变更的系统会对其他系统产生影响。

如何形成企业完整、复杂的生态系统的全面视图？这对于企业各个层次的管理者和活跃在不同专业领域为管理层提供不同视角信息的专业人士来说都是一个重大挑战。

企业战略需要有效传导，才能指导运营。不同级别的管理者需要来自多个视角、多个系统的信息，以评估其充分性并科学地做出变革决定。提供给管理层的信息有多个来源，而信息来源和分析视角通常不使用相同的语言，如图 5-1 所示。

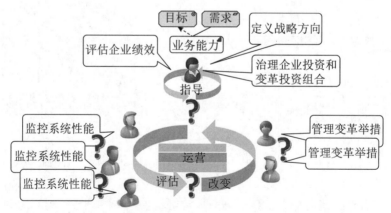

图 5-1　不同专业领域都在寻找一种通用的语言和参考框架

28　适用于流程和产品，参考计划（Plan）—实施（Do）—检查（Check）—行动周期（Act），即 PDCA 周期。
29　高度集成以完成总体目标的、有组织的部件集合，也可能以子系统方式被组织起来。系统可以处于业务层、应用层或技术层，并将产生的结果传递给其他系统或使用者。

BIAN 可以为这种多维度信息提供通用语言和通用参考框架，这有助于管理层获得所需的整体视图，而提供这些信息的从业者之间也可以进行更加有效的沟通。

本章探讨了使用 BIAN 标准作为企业管理和各管理专业领域（从不同的视角看组织）参考框架的好处，这样可共享企业层面的"大局观"。

本章重点介绍服务域的角色，第 8 章和第 9 章将重点介绍 BIAN BOM 和服务操作的角色。

BIAN 参考框架通过在业务能力图景中提供典型的业务能力来支持战略管理。服务域是实现这些业务能力的基本、稳定的能力构建块。业务能力的战略定位和需求，可以投射到服务域上，如第 5.1.1 小节所述。

BIAN 的服务域是由实际的系统实现的，例如业务流程或功能、应用，系统代表了银行实际的运营能力，系统的功能可以根据其需求进行评估，并且可以为了对齐战略而更改。

因此，BIAN 的服务域是战略和运营之间的纽带，帮助促进指导、运营、评估和改变的周期，如第 5.1.2 小节所述。

BIAN 的服务域作为概念构建块，可以在不同的组织和法人实体中实现。用 BIAN 语言表达企业蓝图，支持蓝图决策，为不同实体的管理创建了一个通用的参考框架，并方便其活动的比较，如第 5.2 节所述。

服务域非常适合作为诸如需求、评估和度量等特性的稳定、通用的文档记录锚点。服务域的集合为需求管理和绩效管理提供了一个通用的参考框架。参考框架随着时间的推移保持稳定，能够在架构层之间和从战略层到运营层之间，汇集需求和评估，如第 5.3.1 和 5.3.3 小节所述。

可以用业务和逻辑应用架构图景蒙盖这一通用参考框架，以绘制其功能并检测差距和功能重叠。服务域级别的战略需求和评估的可用性，支持了对业务和应用架构图景质量的评估，如第 5.3.2 小节所述。

使用基于 BIAN 的通用参考框架有助于优化投资和变更组合，如第 5.3.4 节所述，包括用于界定需要改进的领域，投资和变更提案，提案的范围和影响都与服务域相关。

基于服务域的参考框架，提供了从所有管理角度看待银行的通用方法，如图 5-2 所示，它可以投射战略和需求到银行运营架构上，结构化对运营的评估，以及对这些运营的改变。

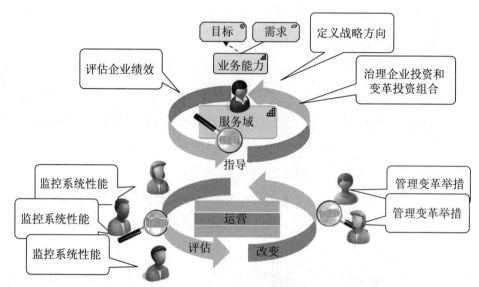

图 5-2　BIAN 提供的通用参考框架帮助提供了企业整体视图

"一页纸银行"表示的企业蓝图可以用作可视化来自不同企业部门所有视角的信息画布。一致地使用同一参考框架，有助于管理层获得企业整体视图。

5.1　定义和架构业务能力

5.1.1　战略业务能力

业务能力代表一个组织实现其价值主张所需的能力和本领。

战略涉及企业在其环境中的定位，并定义为利益相关方创造价值的方向。业务能力是战略管理的工具，另外，银行战略定义了公司需要哪些业务能力，规定了对这些业务能力的需求，根据其贡献（例如商品化或关键差异化因素）以及相关风险对其进行分类。

企业资源，例如人员、信息、应用等，被分配给业务功能，以使它们能够实现其目的。投资的优先级是由其所支持的业务功能的战略重要性来定义的。

BIAN 提供了典型的**业务能力**，分层组织为业务能力模型，如第 2.10 节所述。战略专家可以使用 BIAN 业务能力模型，作为定义其组织的业务能力的基础。

BIAN 的服务域也代表了一种能力——创造价值的能力，服务域是 BIAN 定义的业务能力的基本构建块。BIAN 的业务能力可以描述为服务域之间的协作，如图 5-3 所示。一个 BIAN 业务能力由一系列服务域来服务，每个服务域又可以是多个业务能力的构建块。

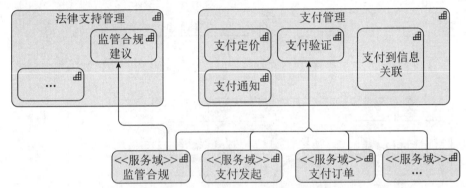

图 5-3　业务能力由多个服务域提供服务，服务域也可以服务于多个业务能力

鉴于其基本、稳定的性质，服务域是企业战略和架构之间的纽带，正如我们会在第 5.1.2 小节中解释的那样。

BIAN 提供了[30] 服务域和业务能力之间的映射。

银行的战略专家可以决定不使用 BIAN 的业务能力，但通过将其定制的业务能力映射[31] 到 BIAN 的服务域上，他们依然可以从 BIAN 服务域的通用语言和链接纽带能力中受益。

5.1.2　服务域用于架构

企业架构是通过优化业务和 ICT 组件的结构、它们之间的相互关系，以及治理其设计和随时间演进的原则和指南，来实现企业的战略方向的[32, 33]。

---

[30]　工作正在进行中。
[31]　或者要求企业架构师进行映射。
[32]　同时保证充分的可操作性，以允许战略变化。
[33]　The Open Group，2018.

对于企业架构管理来说，业务能力是一种战略输入。企业架构需要优化支持能力，通过定义可灵活协作的架构构建块来实现业务能力，业务能力必须随着环境的变化而发展，它们的构建块应该是稳定的，并且可以在不同的服务编排中重用。BIAN 的服务域是稳定的能力构建块，可以为企业明确界定的架构构建块提供锚点。

图 5-4 说明了服务域在战略和架构之间的纽带作用。

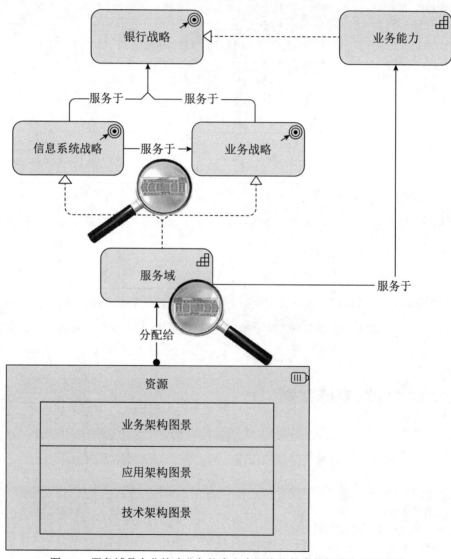

图 5-4　服务域是企业战略业务能力和实现这些能力的架构之间的纽带

银行战略定义了银行如何在其生态系统中定位自己，这是由银行的业务能力实现的，需要根据以下策略来提供构建块，即作为构建块的服务域需要遵循银行的战略需求。

业务组织和信息系统战略应服务于银行战略，它们并不直接指向业务能力——一个随着银行生态系统的发展而不断变化的目标，它们的目标是构建稳定的业务能力构建块，并在多种业务能力中重用。它们的目标就是服务域，根据银行的战略，通过业务架构构建块以及应用和技术架构构建块来提供。

因此，服务域是以业务能力表示的银行战略与其通过业务、应用和技术架构图景[34]元素实现的运营之间的纽带。

后续章节中，我们将了解到，定制的 BIAN 服务图景提供的通用参考框架，如何能够成为了解企业多维度现实整体视图的赋能工具。统一的参考框架视图使企业管理层能够将整体视图与银行战略联系起来。

5.2　构建企业蓝图

企业蓝图通常被称为"一页纸银行"，它提供了企业能力的概览，企业可使用或应该可使用这些能力，并且确实可以在一页纸上可视化它们。

可以为整个银行集团、单一银行、每个业务条线，或其他组织、法律实体绘制企业蓝图。银行或银行集团级企业蓝图应包含实现其期望的业务能力所需的所有能力构建模块。局部蓝图，例如业务条线蓝图，将仅包含其中的部分子集内容。

用 BIAN 语言表达这样的蓝图，一个主要优点是其所提供的**通用语言**可作为参与开发蓝图的人员之间的通用语言，以及蓝图中表达其活动的实体之间的通用语言。基于 BIAN 构建块的稳定、通用性质创建的蓝图，不仅可以用作实体之间的**通用参考框架**，还可以跟踪其随时间的演进和变化。

BIAN 的服务图景实际上是一个通用的"一页纸银行"，其服务域代表了与任何银行相关的能力构建块。服务图景的价值链表示如第 2.3 节所述，是一个对

---

[34] 在 ArchiMate 语言中，"资源"，例如信息资产、人力资产、业务流程和功能、应用和技术资产，根据战略需求和优先级，被分配给能力，即图中"资源"表达的含意。

企业很有吸引力的蓝图表达示例,可以用于快速启动银行蓝图。

在 BIAN 服务图景[35]的帮助下,构建企业蓝图涉及三个步骤(如图 5-5)。

- 筛选:选择与企业活动匹配的 BIAN 的服务域。
- 定制:根据需要定制 BIAN 的服务域。
- 组织:将服务域组织到与企业相匹配的结构中。

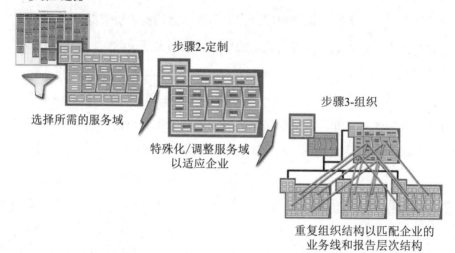

图 5-5　制定企业蓝图的三个步骤

构建企业蓝图的第一步,是过滤掉那些支持银行业务能力所不需要的服务域。

第二步是定制服务域以更适合银行的实际需要,可以增加一些描述,便于更好的理解,也可以对服务域进行合并或拆分。

通过前两个步骤,银行创建了自己的基于 BIAN 的参考框架,如第 4.1.2 小节所述。这两个步骤是可选的,因为银行可以选择使用 BIAN 的基础版本作为其参考框架。

最后一步,基于 BIAN 的参考框架的构建块(服务域),被组装在银行认为适合其不同管理要求的多个"一页纸银行"视图上,可以考虑的角度如下。

- 业务条线:业务条线可以基于地理或细分市场,例如,一个国家的金融服务、零售或对公银行业务等。
- 集中运营:可以是支持多个业务条线区域或全球服务中心,例如,区域

---

[35] 注:服务图景可以被视为服务域的集合,BIAN 的服务图景并不有意去代表一个银行的组织结构。

支付中心、中央培训服务。

- 法人实体结构：例如，一家拥有地区和当地子公司的全球控股公司。

银行或银行集团作为一个整体是一个明显的蓝图视图，与整个参考框架一致。该蓝图描绘了企业的高阶组织选择，然而，它不是一个侧重"谁做什么"的组织结构图，不过可以参考相同的服务域构建块来构建组织结构图，我们将在第6章进一步探讨这一点。

企业蓝图主要描绘"谁负责什么"。

蓝图与组织结构图有什么不同？蓝图包括实体执行的所有功能，以及它需要但是被外包了的功能。在组织结构图中，功能只会被分配给实际执行它们的实体。

运营模式选择是在蓝图层面进行的，诸如数据是否在实体之间共享，以及功能是否以不同方式实现等问题，都在组织的运营模型中表达。我们将在后文看到，基于BIAN的参考框架评估业务和应用图景时，将运营模式考虑进去至关重要。但是，请注意，在服务域层级上，不同实体如何实现同一服务域的可能差异是不可见的。使用通用的参考框架来表达蓝图，确实使人们认识到需要实现什么需求是相似的，但不同的实体在实现方式（怎么和用什么实现）差异性上需要有意识地采取决策。

可以为每个业务条线、法人实体、中心化的服务组织等制作"一页纸银行"图，"一页纸银行"显示了每个部门所需的功能（服务域），第5.3小节中图5-7代表了两个业务条线。因为用通用语言来表达，"一页纸银行"成为强大的沟通工具，而不仅仅是漂亮的图画，其可以作为反映银行不同视角的热力图画布，从而形成一个清晰一致的管理驾驶舱。

后续章节中，我们将展示，如何使用由服务域组成的通用参考框架来提供银行的整体视图，企业蓝图为每个实体提供了通用参考框架上的视图。

通过适当的工具，可以充分利用通用参考框架和每个组织实体的蓝图视图，另请参见第4.1.4小节。如图5-6使用ArchiMate®语言表达了通用参考框架中的每个服务域都可以链接到它所被托付的组织实体，以及依赖于其执行的实体。每个组织实体中实现[36]的功能,也可以通过服务域索引。对此功能的需求、评估和变更,也可以按实体内的各服务域进行文档记录,还可以记录一个服务域同实现之间的关系,例如外包关系等。另外还可以表达,在实体以及企业级别上执行的如财务和风险管理活动的分层结构。这样便可以生成每个实体的"一页纸银行"以及热力图,并使用此画布来描绘所有类型的信息。

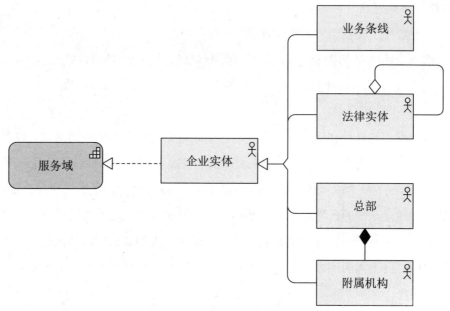

图 5-6　分配服务域的职责(用 ArchiMate 语言表达)

5.3　作为参考框架的企业蓝图

以服务域表示的企业蓝图,为所有管理层和组织部门的活动创建了一个通用视图。

基于分配给企业实体的服务域,可以进行各种特性上的归因分析,例如业务和应用支持特征、性能度量和估算、当前和未来的需求、评估等。由于参考框架使用语义级别和与实现无关的术语来描述功能,其在空间和时间上创造了连续性。

36　准确地说,是目前现状已经实施的或按计划将要实施的功能。

企业蓝图以管理者的视角，基于通用参考框架，组织所有的分析类型并且报告给管理层。"一页纸银行"可以用作可视化的画布，使用统一的管理报告参考框架有助于整合来自不同观点和不同来源的信息，并可以对不同实体或不同时间从相同的视角进行一对一的比较。

企业蓝图促进了如需求管理、绩效管理、架构管理和变更组合管理等专业领域之间的沟通。

读者可能已经注意到蓝图及其作为"一页纸银行"的表示和参考框架之间存在区别。BIAN 的参考框架是服务域的结构化集合，每个组织实体、每个业务流程、每个应用都可以蒙盖在上面。企业蓝图为管理层提供了观察企业的一致的"棱镜"。

企业实体的蓝图只能看到参考框架中与该实体管理相关的部分，如图 5-7 所示。

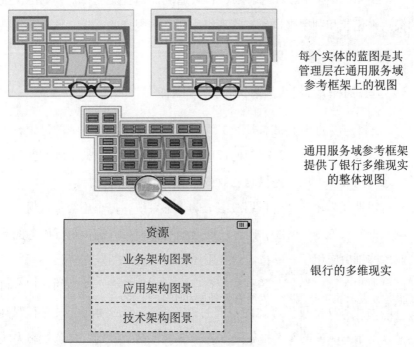

每个实体的蓝图是其管理层在通用服务域参考框架上的视图

通用服务域参考框架提供了银行多维现实的整体视图

银行的多维现实

图 5-7 业务条线的"一页纸银行"是其对通用参考框架的视图

从现在开始，我们将使用术语"蓝图"及其"一页纸银行"的表示形式作为提供给管理层的视图，术语"参考框架"则用于代表与银行运营相关的信息的结构化工具。

5.3.1 定义和记录战略方向和需求

BIAN 的服务域是业务能力的构建块，而业务能力又是定义银行战略的工具，因此，服务域是用于表达实现银行战略的业务和信息系统战略的工具。

业务能力的战略定位投射在实现它们的服务域上，每个服务域的**价值和固有风险属性**及对其施加的战略**需求**，可以通过其支持的业务能力和其对银行战略的支持过程得出。如果银行愿意的话，这些属性可以直接分配给服务域。

服务域反过来将这些需求传导到业务、应用和技术领域。

当企业需求、目标和目的及价值和风险，从战略层面下降到战术层面再到运营层面时，它们变得更加详细和具体，即从业务需求到应用需求再到技术需求。显然，BIAN 没有提供对需求跟踪和可追溯性的全面支持，但 BIAN 提供了稳定的锚点来记录和利用来自所有管理级别和不同观点的需求，这个锚点就是服务域。

5.3.2 绘制和评估向下架构栈的"操作"图景

BIAN 在架构层的应用在本书第 3 章到第 6 章得到了更详细的讨论。本小节强调了基于 BIAN 参考框架进行架构管理的价值，包括改进架构师之间和与其他专业领域之间的合作，以及提供对企业管理的整体视图的支持。

银行可以被视为由三个合作层级组成的生态系统，每个层级都被组织为一个架构图景，如附录 B.1 中所述。向客户和其他利益相关方提供银行服务的是业务图景，业务图景由应用图景支持，而应用图景又由技术图景支持。

然而，要想对这些图景及其支持银行目标的能力有一个清晰的认识，可能并不容易，因为业务功能可以表达为不同的"方言"，而应用功能又没有明确和统一的定义。基于 BIAN 的参考框架是深入了解银行这个异构、复杂生态系统的有效工具。

业务架构图景可以蒙盖在 BIAN 参考框架上，业务流程、职能和部门单位的功能可以用它们实现的服务域来表达，这就提供了一个地图，其中包含企业每个部分的可用业务功能的清晰且通用的图例。

将业务功能表达为服务域的编排,是 BIAN 在支持企业整体视图方面发挥的关键角色,它进一步阐明了管理的功能构建块的概念,并帮助企业在各种管理方面使用这些棱镜。

将业务功能表达为"已实施的服务域"有助于优化业务图景,例如,促进业务架构师之间的合作,识别银行内部的功能重叠、差距和协同机会,发现外包或内包机会,帮助评估业务服务提供商的产品,同时方便发现开放 API 经济中与合作伙伴联盟的机会。

应用架构图景也可以蒙盖在 BIAN 参考框架上,它会提供每个应用和整个应用组合支持业务的地图,并增强对应用组合的管理,同时应用的重复和差距将被清楚地显示出来。

由于应用架构师和设计师与业务架构师和设计师共享同一语言,业务和 ICT 之间的沟通将得到改善。应用架构师将更轻松地优化应用组合,为不同实体提供共享应用支持,以及开发或选择适当的供应商解决方案,同时促进与共享相同参考框架的合作伙伴之间的互操作性。

与企业管理层的沟通也将得到改善,因为可以用大家都熟悉的 BIAN 服务域语言来描述应用。

BIAN 作为业务层和应用层参考框架的用处非常相似,当然,业务和应用图景几乎不会相同,因为业务架构决策和应用架构决策基于不同的标准,但业务架构和逻辑应用架构共享一个界定它们的构建块的重要标准:提供的业务功能。BIAN 架构正是提供了这样的整齐、组件化的业务功能。

上述做法不适用于**技术层**,该层不提供业务功能,但它能给应用赋能[37]。因此,技术资源不能直接映射到服务域。

然而,技术图景元素可以间接映射到基于 BIAN 的参考框架上,技术图景元素为应用图景元素提供的支持,应该可以从银行的配置管理中清晰看到。

因此,有可能显示对 BIAN 参考框架的每个构建块的技术支持,并评估它们提供的支持是否充分,例如 7×24 的高可用性或大数据能力。

---

[37] 例如打印、消息交换、执行程序等技术功能并不特定于其支持的业务功能类型,当然也不是银行所特有的。

概括起来，BIAN 的参考框架可以在银行所有架构层次上提供一个关于银行运营的一致性和内聚性的视图。

战略价值和相关需求可被归因到地图上的每个构建块。业务战略和信息系统战略分配战略价值，并对业务、应用和技术图景提出需求，这些需求根据服务域参考框架被向下汇集到架构栈并依管理层级向下管理。

5.3.3　统一稳定的绩效管理基础

BIAN 的服务域提供了一个通用、稳定的参考框架，用于监控业务图景元素以及应用和技术图景的绩效。

针对不同实体或同一实体内不同时间的绩效管理，其比较基础通常较难确定。受监控的架构元素，如流程和组织单位，在空间和时间上的划分不同，应用可被替换，功能也可被扩展。可以使用服务域所代表的稳定、规范、基本的功能构建块作为性能报告锚点，来解决这个问题。

如上一节所示，BIAN 的服务域可以将所有架构层链接在一起：应用支持的业务功能和技术支持的应用功能。服务域还可以"漏斗化"向下汇聚需求，从战略业务能力需求到业务需求、应用需求和技术需求。

因此，如果银行在业务、应用和技术层上的运营绩效是根据服务域界定来衡量的，则可以基于同需求的关系进行评估，绩效度量和评估可以归因于每个服务域的实现。将现有绩效工具映射到服务域上可能并不容易，然而，如果企业必须比较不同组织的绩效，或者需要整合绩效信息，从来就没有一个简单的解决方案。

"一页纸银行"表示的企业蓝图可用作热力图，从而可以轻松、直观地进行跨时间和跨实体的绩效度量和评估。

图 5-8 给出了一个绩效度量示例，可能是定量的，如每单位产出的员工数量、每单位产出的处理成本；或半定量的，如信息质量；或定性的，如顾客满意度。它们被用来关联业务或 ICT 绩效，或是两者的结合。

5 BIAN用于整体企业视图

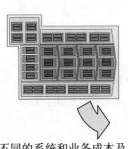

不同的系统和业务成本及绩效指标可以与参考框架相关联

系统相关成本
◆ 开发与部署
◆ 培训、支持和保证
◆ 技术/平台运营
◆ 许可/订阅/购买

非系统相关成本
◆ 劳动力利用率
◆ 劳动力培训
◆ 位置/设备/公用设施/消耗品
◆ 固定资本分配
◆ 费用/许可/代理
◆ 管理费用和支持

成本可以进一步分析，包括：
◆ 自有的vs分配的
◆ 固定/可变
◆ 账面价值/折旧成本
◆ 重复/临时
◆ 批量折扣

系统性能指标
◆ 机器利用率
◆ 运营概况-时间表
◆ 安全性/弹性
◆ 性能概要
◆ 用户人数，技能水平和时间表
◆ 可变性/可配置性
◆ 先进技术/实践

业务绩效指标
◆ 员工利用率/生产力
◆ 运营预算
◆ 用户人数/技能概况
◆ 营运/承诺资本
◆ 业务重要性/贡献
◆ 声誉/客户暴露/风险状况

图 5-8 企业绩效度量示例

银行运营的每个构建块现在也都被归因于绩效信息。

5.3.4 BIAN用于投资和变更组合管理

企业投资和变更组合包含期望的、计划的和正在进行的倡议（项目和计划），旨在填补银行业务现状和未来状况之间的差距。使用BIAN参考框架，可以帮助定义和管理投资和变更组合倡议。到此这就结束了"计划—实施—检查—行动"的循环。

如本章前几节所述，银行运营（实施）架构层上的每个构建块，现在都打上了其所实现的BIAN构建块标签，并归因于银行的战略定位和需求（计划），其绩效也以相同的标准进行度量和评估（检查）。

上述信息使架构师能够客观地评估沿着架构栈在每个架构层上的银行运营质量。从服务域到其向上支持的战略视角，可以有目的性地评估架构栈服务于银行战略的就绪程度。界定问题域，并定义问题域的重要性，可以从如问题域对战略目标的影响，或其对运营风险和连续性的影响角度出发。

架构师现在可以定义变更建议，以缓解企业现状问题，并改善战略同银行图景的契合度。

这些变革提案（行动）也可以基于BIAN的参考框架进行描述，受影响的服务域作为提案范围，同时还相应地记录需要填补的差距和未来目标态的需求。

总体而言，银行变革和投资组合的质量也将因此提高。

通过统一的BIAN的服务域棱镜，可以更轻松、更可靠地识别变更对现有业务和应用图景的影响。

用BIAN的服务域语言表达变革倡议范围，可以便于变更组合经理同项目经理之间的交互；可以更容易地检测项目间的触点（一个项目对另一个的影响）、重叠、冲突，从而改进变更项目群；可以协调那些影响到相同领域的变更管理倡议，并检测和隔离共同倡议；可以针对项目群制定迁移策略。

所有这些好处促成更高效和有效地界定所需的变革倡议，以及更可靠的成本估算。企业变更组合更加契合战略优先级，也更加保持连贯性。

使用服务域语言表达的投资和变更组合举措的范围，同战略和绩效管理层共享，可促进同企业管理层的沟通，改进投资和变更组合治理。

因为采用行业通用语言表达，管理层将更好地了解范围，并改进变革倡议对现有组织的影响评估。

企业管理层可以更好地了解应用和技术图景变革倡议的业务场景。由于应用和技术图景对业务图景和战略的贡献可以借助服务域"漏斗"顺着架构栈向上翻译，因此，可以更好地判断不同来源的投资和变更建议的重要性和优先级，管理层对诸如缺乏进展或项目成本变化等因素对业务的影响评估也会更加容易。

图5-9说明了BIAN成员如何使用其"一页纸银行"与管理层沟通项目范围，在业务图景中，通过同目标贡献和痛点热力图相类似的热力图分析项目所支持的业务范围。

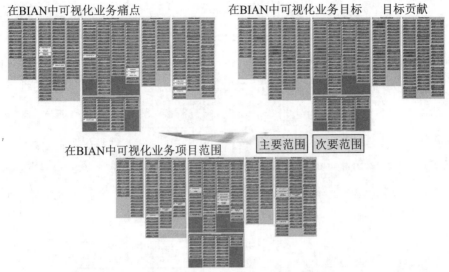

图 5-9 使用企业蓝图作为变更管理的通用参考框架 [38, 39]

多年来，M5 银行集团通过兼并和收购实现了快速增长。因此，出现了许多重复活动，ICT 平台不兼容，信息质量糟糕，维护成本上升。经过深思熟虑，集团管理层决定采取一个新的战略——集团协同。除了成员银行专门用于其本地客户和市场的活动，所有活动都需要实现最佳的集团协同。

M5 集团成立战略工作组，制定实施新战略的长期计划（long-term plan，LTP）。该工作组由来自集团内不同银行的企业架构师、组织专家和战略家组成，他们需要一个通用语言和一个共享参考框架，并决定采用 BIAN 框架。

工作组决定将他们的工作和结论记录在现有的 Homeland 架构仓库中，并聘请一位具有 BIAN 和 ArchiMate 经验的顾问作为秘书，这位秘书的首要工作是将所有服务域分配给 M5 银行集团的实体，以作为集团的企业蓝图，

---

38 BIAN Architecture Working Group，2017a.
39 对于服务域名称不可读的事实，我们深表歉意。该图的目的是说明服务图景管理和传达变革倡议范围的能力。有关此图的在线版本，请参阅 Van haren 官网并免费下载。

并将其可视化为 M5 集团的"一页纸银行"。

M5 集团长期计划的第一步是决定哪些活动可能从集团协同效应中获益，哪些活动应保持为成员银行的各自客户和市场所特有。

工作组决定采用以下方法。

每个服务域都被视为通用活动，也将被分配一个整合资格需求值，即可以从统一的 ICT 支持、共同的业务流程和集中管理中受益的程度值。

M5 银行集团战略工作组制定了一系列准则来决定服务域的整合资格，他们根据这些准则评估每个服务域，并将这些评估的结果记录在仓库中，如图 5-10 左侧所示。

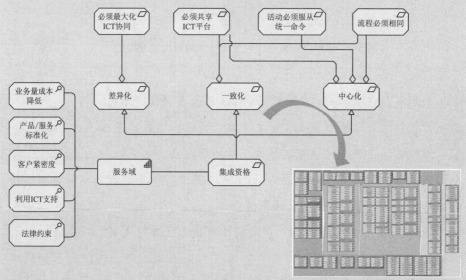

图 5-10　M5 集团的战略：评估产生需求，评估和需求都归因于服务域

从评估结果中，战略工作组推导出战略整合资格需求，表明哪些服务域应该中心化、一致化还是差异化，此结果也记录在仓库中。

每个级别的整合资格需求都更加明确，中心化的活动必须集中管理、统一流程、统一 ICT 平台支撑；一致化的活动仍处于分布式管理之下，但必须共享流程和 ICT 支持；差异化的活动决定自己的流程设计，但仍然要达到 ICT 的协同。按照每个服务域记录这些需求，如图 5-10 右上所示。

用"一页纸银行"向集团管理层可视化展示工作组的结论，如图 5-10 右下角所示。

战略工作组建议建立一个独立的法人实体集团服务，其目标蓝图包含具有中心化整合资格的所有活动，如图 5-11 所示。

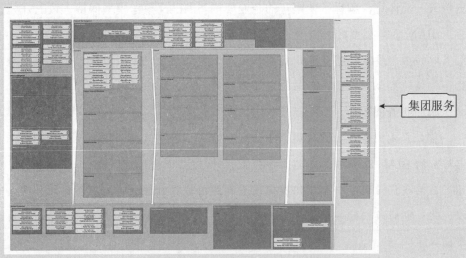

图 5-11　M5 银行集团的集团服务实体的蓝图及被分配的职责 [40]

战略工作组定义了一个初始项目群，其中包含协同速赢的建议，例如中心化审计职能。工作组将这些整合项目的范围描述为服务域的集合。速赢项目的选择依据是它们有高的整合资格评分，并且它们与其他活动的交互有限。

战略工作组的结论是，在启动其他中心化或一致化举措之前，需要对不同银行的业务和信息系统图景有一个现状概览，因为需要进行可靠的影响性分析。

战略工作组强烈建议建立集团层面企业架构能力（包括业务和 ICT），以赋能面向服务的业务组织转型以及集团协同战略所需的 ICT 平台。

40　对于服务域名称不可读的事实，我们深表歉意。此图的目的是使用银行或银行集团的公共参考框架作为画布，说明实体蓝图可能是什么样子。有关此图的在线版本，请参见 Van haren 官网上本书页面并免费下载。

5.4 证言

在 BIAN 书第一版中，PNC 金融服务集团执行副总裁、技术和运营部门主管史蒂夫·范怀克，解释了使银行的企业架构与 BIAN 参考模型保持一致的好处。

BIAN 参考模型完全符合我们对 PNC 企业架构的看法。作为一个组织，我们采取的第一步就是将业务视角引入企业架构。对我们来说，技术不仅仅是服务器和软件的集合，还是一套与特定业务能力和功能相一致的技术解决方案。

添加业务视图

首先，我们查看了应用组合中的每个应用，并将其映射到企业架构管理工具中对应的 BIAN 服务域（特定业务功能）。

这为我们呈现了一个提供类似或重复解决方案系统的清晰视图，比如哪些可以优化；也为我们的应用组合创建了一个一致且可复制的方法，来评估新解决方案提议。

创建"一页纸银行"

这允许我们创建一个使用 BIAN 的价值链表示的、业务驱动的"一页纸银行"热力图，以显示哪些领域受到过时和遵从性问题的困扰。当我们向前推进时，就可以将我们的风险和项目群视图和相同的"一页纸银行"概览对齐。

使用 BIAN 参考框架，我们可以将核心平台置于一个组件化的框架中，它允许我们以与整体业务策略一致的逻辑步骤来管理我们的转型。

颠覆性行业变革的定位

以 BIAN 这种方式将我们的技术定义为能力，也为我们未来的创新奠定了基础。金融科技的涌现正在通过新的商业模式设定新的期望，这些商业模式有时会与银行直接竞争，我们正在发展我们的核心银行能力，并将其组织到一个组件化的框架中，这将使我们能够拥抱不断变化的业务期望和客户需求。当不再受过去传统单体应用方法的束缚时，寻找创新的合作伙伴关系就会变得更加容易，例如，我们正在与 BIAN 和卡内基·梅隆大学的合作项目中探索开放银行 API。

通过与 BIAN 参考框架保持一致，我们确信我们的企业架构能够不断适应新的市场和技术需求。

5.5 自我测试

1. 哪些陈述正确地表达了服务域参考框架的角色?
   A. 以服务域表示的蓝图,其功能是每个组织实体所必需的,为管理层提供了一个通用的参考框架。
   B. 业务功能的需求和评估可以按服务域进行文档记录。
   C. 通过将应用图景蒙盖在服务域参考框架上,使每个应用的功能都可以用一种通用语言来表示。
   D. 应用支持的范围和质量可以在参考框架上表示。

2. 哪些陈述正确地表达了为什么服务图景(尤其是价值链表示形式)非常适合作为企业蓝图的快速起点?
   A. BIAN 服务域提供了良好定义的、基本的、互斥的、通常穷尽的构建块,来描述任何银行的功能。
   B. 如价值链表示形式中所示,BIAN 服务图景的业务领域在语义层面上定义了存在于任何银行中的组织单位。
   C. 服务图景的价值链表示对业务管理层非常有吸引力。
   D. BIAN 服务图景列举了所有银行中始终存在的服务域。

3. 以下哪些陈述不能代表企业蓝图作为分析参考框架的可能用途?
   A. 将企业战略价值和风险分配给业务能力。
   B. 将需求归属于企业实体中实现的服务域。
   C. 将评估结果归属于企业实体中实施的服务域。
   D. 用受影响的服务域来表达项目的范围。

6　BIAN 用于业务层

银行生态系统正在快速发生变化，银行再也不能是由一些桥梁和小时班轮连接的岛屿组成的商业组织，它需要成为一个运转良好、敏捷的服务组织，以及无论是内部还是外部都面向开放的金融生态系统。

技术和应用层的能力正在赋能和触发金融生态系统的进化和变革，然而仍然是业务层为客户和其他利益相关方提供了银行的价值。业务组织需要灵活机动，能够以不同且不断发展的编排方式提供服务。

从可操作性的角度，或者更重要的是，从处理效率和有效性的角度，BIAN框架为银行业务图景提供了一个参考框架，促进了模块化服务中心思维，如第 6.1.1 小节所述。BIAN 框架还可用于创建最有效的组织结构，参见第 6.1.2 小节。

第 6.1.3 小节描述了该参考框架为业务图景的探索、绘制和评估进行赋能。

银行也可以从架构治理的角度划分业务图景。由于服务域是企业战略与其运营之间的纽带，因此 BIAN 参考框架可用于将战略需求及其评估与实现服务域的业务图景元素联系起来，如第 6.1.4 小节所述。

BIAN 标准为银行概念性参考业务架构提供了构建块和原则，如第 6.1.5 小节所述。这种参考架构改进了企业业务活动的集成，提高了业务需求的质量和完整性，并促进了对新功能或变更的影响分析。

BIAN 参考框架还可以支持对兼并和收购机会的评估，它有助于界定投资和变更方案建议。共享的参考框架有助于同 ICT 的合作，可以提高业务案例质量，充分界定工程和项目范围，如第 6.2 节所述。

参考框架强制下的构建块思维可以应用于银行业务流程管理和业务需求分析。它可以提高设计的灵活性，促进流程管理者之间以及与业务解决方案提供商和合作伙伴之间的合作，详见第 6.3 节。

6.1　BIAN 用于业务架构

本节介绍在概览层次（企业级和领域级）上使用 BIAN 架构，架构变焦级别说明参见附录 B.2。

6.1.1　业务图景的参考框架

在第 4.2.2 小节中，我们阐述了 BIAN 如何支持为银行量身定制参考框架，这个参考框架描述了银行需要的基本能力构建块。业务组织中的不同语言社区，如业务条线、部门甚至流程之间，都使用一种通用语言和通用参考框架来表达功能。

6.1.2　细化组织结构图

组织结构图描述了运营活动的分配及其按报告线分组的情况。

在讨论企业的最佳组织结构时，根据参考框架表达职责，可以在参与提案的人员和做出最终决定的管理层之间建立通用语言，它有助于以全新的视角看待业务组织，根据所提供的贡献（服务）而不是流程来思考组织形态。

企业汇报线关系是创建可管理的控制范围的一种方法，业务流程和客户服务往往横向跨越汇报线，如果部门的职责以及流程步骤可以用服务域表达，如第 6.3.1 小节所述，端到端流程中每个参与者的职责便可以用与组织结构图相同的语言来定义。

6.1.3　绘制和评估业务图景

企业业务图景可以蒙盖在参考框架上，获得功能的执行位置和执行主体的概览。

银行业务功能以通用语言表达，而不是用于一家银行、一个业务、一个流程的特有语言。可以创建一个目录，并对如组织单位、银行集团中的银行、联盟内的银行进行功能比较。

BIAN 提供了将业务流程视为对基本能力构建块（服务域）编排的能力，如图 6-1 所示，这提供了一个组织单位的职责目录，或者以通用语言给出流程在更细粒度规模上实际发生的事情的概览。

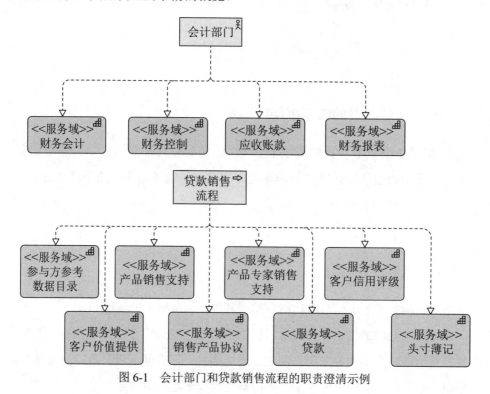

图 6-1 会计部门和贷款销售流程的职责澄清示例

通过蒙盖允许检测重复的活动或看似缺失的活动，更细粒度的服务域网格能够检测到基于流程目录无法预料到的差距。业务架构师以及管理层[41]需要评估重复和差距是否以及在何种程度上是一个问题。

可以在这种更细粒度的规模上分析和记录业务组织和业务流程的绩效，它提供了一个在空间和时间跨度上独立于组织的业务绩效视图。如果在应用层使用相同的蒙盖，如第 7.1.2 小节所述，那么绩效问题的根因分析将更加精确，并且可以包括所有架构层的影响因素。

在图 6-2 中，一个 BIAN 成员的问题区域可视化展现在其企业蓝图画布（"一页纸银行"）上，目的是便于同管理层沟通。

---

41 以及审计部门。

6 BIAN用于业务层

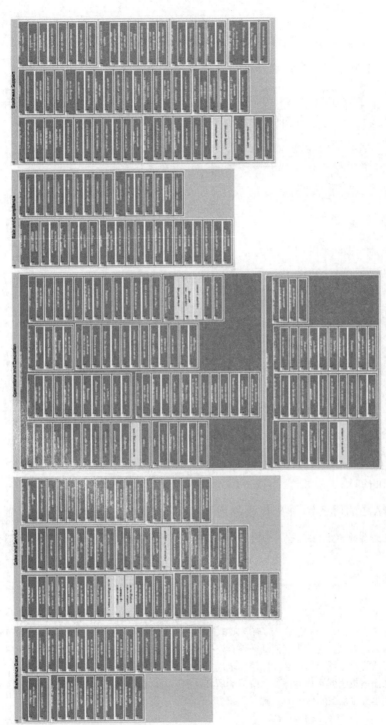

图6-2 一家BIAN成员通过"一页纸银行"可视化其业务痛点[42],[43]

BIAN Architecture Working Group, 2017a.

42 对于服务域的名称不可读这一事实,我们深表歉意。该图的目的是说明服务图景管理和沟通业务图景质量的能力。有关该图的在线版本,请参阅Van haren官网并免费下载。
43 BIAN Architecture Working Group, 2017a.

> 根据战略工作组的建议，M5 企业架构团队决定深入使用 BIAN 参考框架作为企业通用语言和通用参考框架，并决定将 Homeland 仓库升级为集团架构仓库。
>
> M5 集团的第一个转型项目是对每个成员行的业务图景及其应用支持情况开发出高阶概览，每个部门的活动都被映射到 BIAN 服务域参考框架上，并记录在仓库中。
>
> 每个银行的蓝图都可以从这些信息中得出，"一页纸银行"表示将作为新一代管理报告的画布引入。
>
> M5 集团同时还对业务图景进行了首次评估，揭示了银行内部的几处重复，还发现了一些差距，例如 M0 银行的贷款销售流程没有考虑客户信用评级，企业架构团队委托审计部门对这些差距进行了风险评估[44]。

6.1.4 治理业务架构

对于规模较大的企业，有必要将架构职责划分给不同的个体，同时要确保架构的内聚性和一致性，这是通过区分架构级别来完成的，随着架构范围的缩小而增加细节（如 B.2 节），并为这些变焦级别分配职责。

与基于流程的架构设计模式相反，BIAN 服务域的组件特征使其适合明确的职责划分，BIAN 的服务图景及其业务领域和业务域模式，可用于界定连贯且松散耦合的业务架构域，或者，银行可以在其认为合适的治理单元中组装服务域。

---

44 事实证明，为了弥补差距，M5 集团已经有一项审计建议，因为它给银行带来了不可接受的风险敞口，在集团战略沟通会上，内部审计活动在整合资格方面得分很高，它将是第一个中心化的服务能力。审计整合团队将服务域视为构建集团层面全局审计的绝佳起点，它提供了一个独立于实施的通用参考框架，来描述集团的活动并评估这些活动所涉及的风险，参考框架现在也将被集团内审部门共享，这是对企业整体视图的另一个贡献。

> M4 银行已经定义了"业务架构师"的角色。
>
> 业务架构师负责根据业务战略，建立有效且高效的业务组织，他们还负责定义投资和变更组合，以使业务架构和信息系统架构与银行的总体战略要求保持一致。
>
> 为了便于管理，银行被划分为业务架构领域。例如，分销领域涵盖了客户服务和互动渠道，包括实体店和虚拟店，以及营销和销售活动；产品工厂领域负责产品设计和实现。为了明确分销领域和产品工厂领域之间的责任划分，M4 银行使用了 BIAN 参考框架。
>
> 此实践的副产品是客户交互脚本的改进，参考业务架构的这一部分描述了客户如何能够访问产品和服务的模式，如第 6.1.5 小节所述。

战略评估和需求

如第 5.3.1 小节所述，基于每个服务域记录下战略评估（如价值和内在风险分类）和战略需求，然后按照它们对业务能力的贡献传递或直接分配下去。

企业可以按每个服务域记录战略需求，例如，参与方参考数据管理和法人实体目录是商品，但参与方信息的完整性和正确性可能是独特的销售主张[45]。

服务域（或由服务域界定和标记的业务活动类型）的战略定位在一系列更详细的需求中得以明确，例如上述示例中的参与方参考数据管理必须达到至少 4 级的成熟度。

图 6-3 显示了一家 BIAN 成员按照每个服务域进行流程成熟度评估的示例。结合战略需求，此类评估可以衡量支持企业战略的业务图景的能力。再次注意到热力图表示在企业蓝图画布上，由于战略需求表示在基于 BIAN 的同一个参考框架画布上，所以这种可视化有助于企业管理层衡量此次评估的结果。

---

45 如果客户主张和风险评估准确，协议可以立即达成。事实上，M4 银行是靠法人目录赚钱的，它拥有客户集团结构的优质数据，可以支持企业客户的即时信贷决策，并正在考虑将部分信息合法出售给其他感兴趣的各方。

图 6-3 一个 BIAN 成员在"一页纸银行"上按服务域进行成熟度评级示例[46]

图 6-4 直观地展示了 M5 银行集团业务组织战略的集团协同,根据 BIAN 的参考框架,显示了每项业务活动的整合资格。出于企业管理沟通的目的,它作为热力图显示在"一页纸银行"画布上,颜色代表总体的整合资格需求,其中包含一系列更详细的要求,如图 5-10 所示。

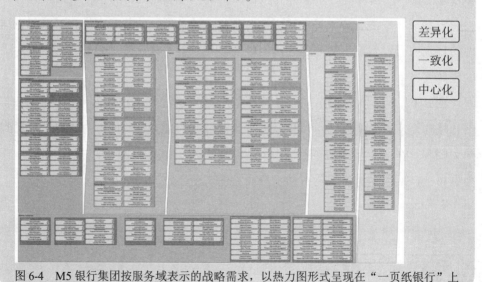

图 6-4 M5 银行集团按服务域表示的战略需求,以热力图形式呈现在"一页纸银行"上

---

46 BIAN Architecture Working Group,2017a.

外包策略

BIAN 的参考框架及建立在之上的实体的蓝图视图也可以作为银行确定外包策略的工具。

考虑到其内部一致性和服务封装性，每个服务域都可能是一个业务服务中心，它提供了合理、稳定的职责划分，并且是需求规格或服务提供规格的绝佳锚点。因此，服务域非常适合在银行与商业服务提供商之间或银行作为商业服务提供商用于订立结构化的服务提供和外包协议。

6.1.5　参考业务架构的构建块和原则

BIAN 组件化设计以最大程度实现业务能力的跨产品复用，并定义了标准集成边界，以便新产品设施可以快速集成，这是由于只需要新的特定于产品的业务逻辑，并且许多需求将通过重用已建立的设施来支持。这种方式被企业参考架构广泛利用。

基于 BIAN 的参考框架为概念性企业参考架构提供了构建块，表达了需要提供哪些功能构建块，以及它们之间需要如何合作，以确保银行安全且受控的端到端运营。

如果通用参考框架的定位是为了精简企业的架构，那么应该非常小心地进行定制化工作，因为定制的服务域将作为企业概念性参考架构的能力构建块。由于企业要考虑到与合作伙伴的潜在合作以及开放 API 经济中的服务外包，还有 BIAN 参考框架的新出版本等，所以应该维护其与基础 BIAN 版本的明确链接。

银行的主要目的是为客户提供金融服务，向客户提供金融服务是通过一系列支持和周边活动实现的。例如，除了为客户提供安全的金融服务访问之外，还需要管理货币和参与方信息、发送账单和账户对账单、管理客户风险等。

银行还需要确保以受控方式提供服务。例如，需要遵守法律和监管，需要从企业风险和财务管理角度对其活动进行概览，需要向监管当局进行报告。

银行的这些支持和周边活动通常支持和围绕销售活动和产品协议合约履行活动，并根据**模式**提供服务。例如，服务域之间如何合作以提供安全访问，而不依赖于此服务编排提供访问的产品类型，也不依赖于产品信息需要提供给风险和财务管理与业务方向等业务领域的事实。

图6-5显示了不同模式类型可以位于服务图景价值链表示图中的位置，如支持银行安全访问和交付金融服务的模式，赋能必须的控制活动的模式，如财务控制系统中的合规性检查和注册。

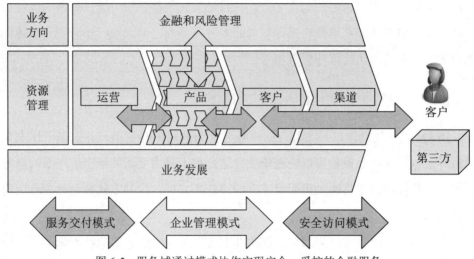

图6-5 服务域通过模式协作实现安全、受控的金融服务

虽然BIAN实际上并未提供此类模式，但BIAN的业务场景可以为这些模式提供灵感。

上述模式可以记录为概念性企业参考架构的一部分，表示为对服务域的编排。此类描述独立于组织，并且随着时间推移保持稳定，同时可以随着银行生态系统的发展而发展[47]。例如，这些模式可确保新产品或新访问渠道正确地嵌入银行端到端的生态系统中。

上述模式的概念级别采用服务域术语来表达，它适用于参考业务架构和参考应用架构。对于业务层来说，稳定的概念模式（哪些服务域需要参与）将得到补充，例如，补充关于需要包含哪个部门，以及出于什么目的等方向的内容。概念级别会随着实际业务图景的演变而变化，因为职责可以被转移到不同的组织单位。

---

47 例如，在过去几十年里，银行被强加了许多控制活动，技术的发展催生了新的架构风格，需要新的安全访问模式。

M4银行的业务组织部门维护着一份参考业务架构手册，该部门听说了首席企业应用架构师发起了参考应用架构计划，她正在寻求缓解由于忘记服务连接而反复出现工程延期的问题，这些问题仅在端到端测试期间才会显现出来。业务组织部门意识到，这实际上是一个业务问题，新的业务功能从来都不是孤立的，它需要嵌入端到端的企业中，以确保一个平滑、安全的客户旅程，及银行安全、可控的运作。

业务组织部门决定加入上述参考应用架构计划，并开发与参考应用架构一致的参考业务架构。参考业务架构将描述产品销售和产品协议履行如何被嵌入企业中，例如，如何与参与方参考数据、财务会计、风险管理、合规等进行交互。

参考业务架构包含一些脚本，描述特定情况下，例如当引入新产品或访问渠道时，需要涉及哪些业务职责。

手册深受其他部门如业务单元管理部门的赞赏，它们在新产品或渠道发布过程中经常被忽视，在将新产品纳入它们的统计时，它们需要在不可能完成的期限内和信息不足的情况下工作。

变更组合管理部门也对此很欢迎，因为变更提案的范围定义和业务案例的可靠性得到了提高，项目预算在预测项目成本方面也更加准确。

业务组织部门和应用架构师决定，最好为参考架构创建一个概念层。业务部门的职责会发生变化，应用也会发生变化，因为这个概念级别上的模式和脚本是以服务域表示的。因此，这些变化都会被映射到一个操作层面的参考业务架构手册及其对应的应用上。业务手册还描述了需要涉及的部门和业务角色，以及需要讨论的内容指南等其他事项。

6.2 BIAN 用于业务投资和变更组合

6.2.1 支持并购

并购的决策通常基于候选者之间的协同或互补机会，使用通用的 BIAN 语言表达参与机构的企业蓝图，有利于评估并购机会。

使用基于 BIAN 的参考框架对业务和应用图景进行映射，进一步丰富以根据参考框架表达的绩效评估，可支持对可用的业务组织和应用平台进行一对一的比较。通过比较或结合最佳实践，支持新组织做出最适合的选择，同时还帮助支持制定恰当的迁移战略。

> M4 银行是 A 银行和 C 银行合并的结果，A 银行和 C 银行活跃于同一市场，拥有发达的零售和对公业务条线，并秉持"以客户为中心，质量高于价格"的策略，它们基于 BIAN 的企业蓝图非常相似，合并的决定是基于规模经济而做出的。
>
> C 银行最近才通过收购升级为一家多业务条线银行，它在零售银行业务方面表现强劲，但在企业银行业务方面表现不佳。它收购了 I-Bank——一家企业银行，以实现互补的企业蓝图。
>
> 银行在合并和收购之前都进行了包括尽职调查在内的许多工作，通过比较业务活动，分别证实了企业协同效应和互补性的假设。为此目的，BIAN 服务图景被用作通用参考框架。
>
> C 银行收购了对公银行 I-Bank，并将其纳入法人结构。进行后台而非销售组织的协同，是此次收购的主要目标，两个组织作为不同的业务条线保持独立。然而，面向合作伙伴和监管机构的流程需要合并，I-Bank 对代理行和代理行关系管理有更完善的业务和应用支持，而 C 银行的代理行数据管理则较好，新合并的代理行团队将综合使用这些最佳实践。

6.2.2 业务变更组合

业务架构师通过评估业务图景的质量和战略契合度，为银行的变更组合做出贡献。变革提案基于业务图景的质量及其战略契合度来界定。

在当今时代，如果不改变应用和技术，业务变更就几乎不可能实现，BIAN 的通用参考框架有助于进行全面的影响分析，从而实现各个层面的范围定义。

基于 BIAN 的参考架构的存在可以提升影响分析和范围界定，更进一步可以将变更端到端的嵌入需求纳入范围。

因为以服务域方式定义，可以识别映射到变更范围上的所有业务领域，因此，可以更轻松地找到项目利益相关方。

若要考虑基于 BIAN 的通用参考框架，对于优化投资组合管理和与管理层沟通带来的好处，我们可以参考第 5.3.4 节。

6.3 BIAN 用于业务设计

本小节描述 BIAN 标准框架在系统级别的使用。

6.3.1 BIAN 用于业务流程管理

流程是企业的重要资产，必须对其进行良好的设计和管理（度量和改进），以便向客户和其他利益相关方交付价值。

尽管 BIAN 的业务场景并不暗示服务域交互中的顺序，但它们与流程具有可比性，它们当然可以在银行设计流程时给银行带来启发。连线图技术可用于制定类似城市规划对不同路径的支持，遵循同样的方式，也可以支持复杂流程。归并描述流程可能分支的不同业务场景，就形成了这样的连线图[48]。

---

[48] 为此，相关业务场景得到了整合，界定应用组件并将它们封装到应用服务中，可参见第 7.4 节和第 9.3 节。使用来自不同上下文的业务场景非常重要，因为它们更有可能提供对范围内服务运营提出要求的代表性样本。

BIAN 在银行业务流程管理中，最重要的附加价值在于参考框架的使用[49]。

流程是流程步骤的条件序列，基本步骤通常是独立于流程的构建块，将流程设计表达为服务域序列有几个优点，下面是一些例子。

BIAN 的服务域划分了一个高内聚、松耦合的功能单元，那些反复尝试过划分流程步骤的人，会承认 BIAN 稳定的、预定义的流程步骤的有用性，根据参考框架表达流程，在业务流程管理者之间便会建立通用语言。

对能够服务于多个流程的业务服务中心的检测也将变得更加容易，度量和评估需要在流程步骤级别上执行，而不仅仅是在流程级别上执行。如果这些流程步骤是在平等的基础上表达，即遵循同一个通用参考框架，则比较不同实体中流程的绩效就会变得更加客观。

比较替代流程并解释绩效差异将变得更加定量[50]，因为可以在流程步骤级别上检测最佳表现者，企业流程最佳实践交流也变得更加容易。

流程最佳表现者不一定是在银行范围内找到的，基于 BIAN 的高阶流程步骤的清晰界定，可以外包或内包此类步骤，图 6-6 显示了在抵押贷款审批流程中，可能提供服务的合作伙伴的示例（Plais 2020）。

图 6-6 以服务域表示的流程步骤有助于选择业务合作伙伴

考虑到与应用层的关系，将流程表示为一系列服务域尤其重要。在敏捷应用

---

[49] 对于详细流程设计，即服务域的内部实现，BIAN 没有特别约定。BIAN 对于高阶端到端的流程设计非常有用，其中每个流程步骤本身可能也是一个流程。

[50] 例如，A 银行的销售流程与 B 银行的销售流程相同吗？如何解释成本和成功率的差异？还要考虑流程步骤的缺失、流程步骤的编排、每个流程步骤的绩效，等等。

架构中，流程由应用组件的编排支持，这些组件在整个流程编排中可被重复使用，此类应用组件受益于 BIAN 服务域的界定。根据通用参考框架表达流程，在寻求最佳协同效果的业务流程经理和应用架构师之间，创建了一种高效的通用语言。

流程优化改进通常需要投资和变革倡议，如果业务流程管理与投资变革组合管理使用相同的参考框架，则会促进企业投资和变更组合中的流程改进建议的整合。

最后，同样重要的是，使用 BIAN 的服务域作为流程参考步骤，可以加强对信息的关注，如每个服务域的信息概要中规定的那样，信息应该对流程可用。信息不仅应该在流程中可用，而且根据 BIAN 原则，还应该在企业级别上共享。

6.3.2　BIAN 用于业务需求分析

结构化业务需求

BIAN 参考框架可用于组织业务需求分析，参见第 5.3.1 小节，使用 BIAN 标准作为参考框架用于银行业务分析和需求规格化，可以促进构建块思维，帮助摆脱现有的思维模式。

> **证言**
>
> "将需求映射到服务域非常重要，通过尽早启迪这种思维，有助于让利益相关方从业务能力构建模块，而不是从单一系统的功能角度进行思考。"
> （Ginsburgh，2015）

为了收集业务需求，需要对在新功能中发挥作用的不同业务场景进行描述，收集每个涉及的服务域和服务交互功能及其非功能需求，指定相互交换的服务操作，如图 6-7 所示，另可参见第 9.3 章节。BIAN 提供的业务场景可启发灵感，助力银行快速启动实际的业务场景。

银行业务场景被合并到一个连线图中，描述了所有可以通行的路径，相关的需求也被合并，以覆盖行走路径的各个业务场景，如图 6-8 所示。

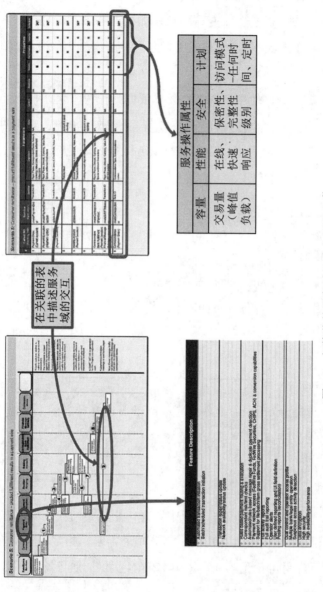

图 6-7 规格化的服务域及其交互需求[51]

---

51 Ginsburgh, 2015.

6 BIAN用于业务层

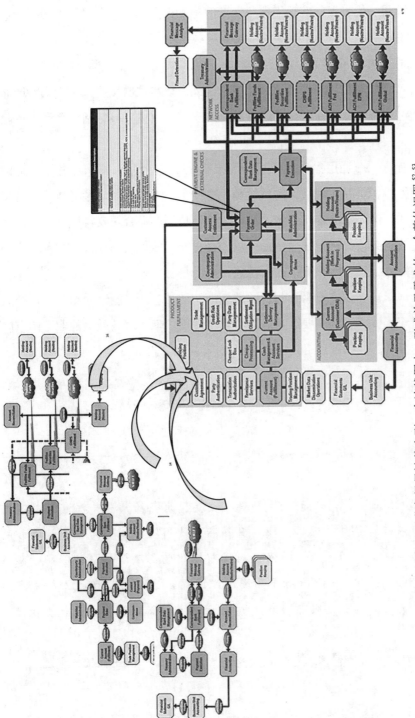

图 6-8 业务场景被整合到一个连线图中，形成关于需求的一个整体视图[52,53]

52 Ginsburgh, 2015.
53 对于该图中的文本不可读，我们深表歉意。图 7.6 和 7.8 中的元素可读性好些。有关此图的在线版本，请参阅 Van Haren 官网本书页面并免费下载。

这个连线图应代表银行新功能业务需求的整体视图，及其在银行中端到端嵌入的整体视图。

集成需求：嵌入企业中

银行引入新功能时，确保其端到端嵌入组织中非常重要。例如，一个新产品显然需要通过某个渠道销售，需要履行其合约安排，也需要被包括进会计、风险管理、客户关系管理等[54]。

如果银行有一个通用参考业务架构，如第 6.1.5 节所示，那么业务设计师的任务就会变得更加容易，规格化的质量和完整性也会更加可靠，参考业务架构将提供许多模式。例如，从客户到产品协议、从销售到产品合约安排履行、从产品合约安排履约到会计等，需求分析师可以选择与新功能相关的模式，并确保详细阐述必要的业务场景以涵盖每个嵌入模式。

为了实现新功能，需要联系与新的端到端功能及与新功能嵌入相关的每个服务提供方组织实体，它们需要准备好为新功能做出贡献。服务域上的业务图景映射支持影响分析，并确保项目范围涵盖所有利益相关方。

M5 银行集团的集团协同战略，将与支付执行相关的服务域标记为中心化。一段时间后，支付管理会议（一个关注集团内所有银行支付领域的协调组织结构）决定是时候采取行动了。

M5 集团描述了不同变化的支付处理流程业务场景，并注意选择有代表性的银行，即每个国家至少一家银行。使用服务域作为高阶流程步骤，可以实现统一的表示，并促进对所有变化的正确理解。这些场景被整合到连线图中，如图 6-8 所示，该连线图显示了支付处理核心功能所涉及的服务域，按每个服务域及服务交互记录和合并了功能和非功能性需求。

连线图还显示了直接参与核心功能运行的服务域，以及在银行中端到端

---

54 在第 7 章中，我们将新功能称为"系统"，结合嵌入企业所需的功能，它成为"解决方案"。

嵌入所需的服务域。为此目的，使用了 M4 银行组织部门的参考业务架构手册的概念性章节[55]。

将业务需求传达给解决方案提供商

业务需求可以导致新系统的内部开发，也可以用于软件包或应用服务提供商的选择，在选择外包时，也需要谨慎行事。

在 ICT 部门进行内部开发的情况下，通用的参考框架可以促进沟通。

如果业务需求需要由软件供应商或业务服务提供商来实现，使用 BIAN 标准作为参考框架可提供更大的优势。供应商和服务提供商更有可能正确理解和接受这种行业开放的参考框架，而不是某家银行对业务功能的专有观点，供应商还可以使用基于 BIAN 的通用参考框架来描述其产品。

在企业中成功嵌入活动与活动本身的质量同样重要，在软件供应商和服务提供商之间存在一种通用且标准的语言，如使用 BIAN 语言阅读参考业务架构，可以增加针对这些集成需求沟通的成功率。

6.4 自我测试

1. 下列哪些陈述没有正确描述为什么 BIAN 可以提供业务架构支持？

A. BIAN 的服务域可以用作流程步骤，其业务场景可以为流程设计提供启发。

B. BIAN 的业务场景是银行流程设计的标准，也是其质量的基准。

C. 服务域可以用作概念性参考业务架构的构建块。

D. 使用服务域规格化业务需求，有助于利益相关方从业务服务而不是单一系统的角度进行思考。

---

[55] 企业架构团队认为，支付集团服务的推出是一个绝佳的机会，可以进一步提升 BIAN 标准对业务架构支持的目标雄心级别。这项新的集团服务将对每家银行的业务流程产生重大影响，现在是时候在所有成员银行引入基于 BIAN 的概念性参考架构了。参考模式将会"自我推销"，通过支持每家银行在转向支付集团服务时的影响分析来证明其价值。

2. 下列哪些陈述正确地描述了将业务图景蒙盖在基于服务域的参考框架上所带来的便利？

A. 检测组织单位之间的重复活动。

B. 对不同服务提供商提供的业务服务性能进行同类比较。

C. 交流最佳实践。

D. 评估并购机会。

3. 下列哪些语句表达了为什么 BIAN 可以为业务架构提供支持？

A. 连线图可以用作从战略级别到操作级别记录业务需求的锚点。

B. 服务域可以用作记录业务绩效的度量如成本和评估的锚点。

C. 使用服务域作为业务图景和应用图景的通用参考框架，支持对绩效和质量问题进行根因分析。

D. 将属于同一业务领域的服务域的更改分配给一个项目是最有效的做法。

7 BIAN 用于应用层

应用组件及功能,它们需要和管理的数据,它们相互交换的服务,只有三位一体才能成为成功定义的企业应用架构,出现任何缺失都不可能成功。它们仍然是应用图景上的不同视图,通常是分开的架构专业领域。在本章中,我们重点关注应用组件和功能,并探讨它们与其他元素的关系。我们将在第 8 章重点介绍数据架构,在第 9 章重点介绍应用服务。

创新技术推动了金融行业过去几十年的演进和变革,然而,实际上发挥重要作用的,是一种由精心设计的、基于服务的组件组成的敏捷逻辑应用架构[56],在赋能并且支撑实现银行业务的演进和变革时,这样的应用架构不会对信息系统架构造成重大破坏。随着数字化水平以及开放金融和开放 API 环境的普及,这种面向服务、基于组件的架构越来越重要。

BIAN 的参考框架支持一种敏捷的应用架构,它由精心设计的基本组件组成,通过基本服务进行交互。从逻辑应用架构的角度来看,服务域分区的价值在于,它们定义了可以增量开发和部署的独立应用构建块。当正确实施时,它们定义了可以在多个业务上下文中重用的、离散操作功能,从而消除操作冗余,并支持每个独立组件功能的优化。

基于 BIAN 的参考框架可用于绘制和评估逻辑应用图景,如第 6.1.3 小节所述,包括检测重复、揭示差距和协同机会。它还可以被用于应用架构治理等,如第 7.1.4 小节所述。

BIAN 标准框架为参考应用架构提供了构建块和原则,如第 7.1.5 小节所述,

---

[56] 逻辑应用架构描述了应用层如何提供其业务功能,这是 BIAN 标准的重点领域,也是本章的主题。物理架构或技术应用架构描述了使用什么技术来实现该功能,那不是 BIAN 的关注领域。

可以指导系统开发和维护应用图景。它作为一种评估和比较解决方案是否充分的工具，还可以引导企业对遗留平台的翻新，如第 7.1.6 小节所述。

技术图景通过配置信息与应用图景联系起来，因此，技术架构的元素间接链接到了基于 BIAN 的通用参考框架，如第 7.2 节所述。

参考框架还可用于界定应用投资和变革倡议，促进应用图景的影响分析，提高业务案例的质量以及界定工程和项目的范围。用于优化业务和应用图景的通用参考框架，可以支持企业项目群和相关的业务场景分析，并在与业务平等考虑的基础上对应用、数据和技术图景的质量进行评估，如第 7.3 节所述。

系统开发或从市场上选择可用的应用解决方案时，也可以从与业务共享的、基于 BIAN 的参考框架中获益。基于 BIAN 的参考应用架构，可以进一步利用 BIAN 标准进行系统开发，这种方法对于所有类型的架构风格都很有用，如第 7.4 和 7.5 节所述。

本章重点讨论**逻辑**应用架构，逻辑应用架构定义了应用层如何提供业务功能，物理或技术应用架构则定义了逻辑应用架构元素应采用什么技术来实现，物理应用架构可以随着技术的发展而发展，但逻辑应用架构的界限和功能可以保持相对的稳定。

7.1　BIAN 用于应用架构

本节描述了在企业级和领域级变焦级别上使用 BIAN 标准框架的概述，变焦的级别定义参考附录 B.2。

7.1.1　应用图景的参考框架

在第 4.2.2 小节中，我们解释了 BIAN 如何支持精化适合银行的参考框架，该参考框架描述了银行所需的基本能力构建块。

参考框架适用于业务和逻辑应用架构，共享通用参考框架有助于业务和应用架构师与设计人员之间的合作，并提升应用图景和业务图景之间的一致性。

7.1.2 绘制和评估应用图景的覆盖范围

当应用图景蒙盖在参考框架上时，会以通用语言创建一个应用图景所支持的业务功能概览。该方法可以应用于整个应用图景，也可以应用于每个特定的应用组件。这可以在企业级别、金融集团级别、联盟内部等不同级别获得应用组合的概览。

参考框架提供了将应用组件视为对基本功能构建块（服务域）的编排而不是作为大单体块（如 ERP[57] 或 CRM[58] 套件）的能力。比如，CRM 应用所支持的功能远不止客户关系管理，如图 7-1 所示。

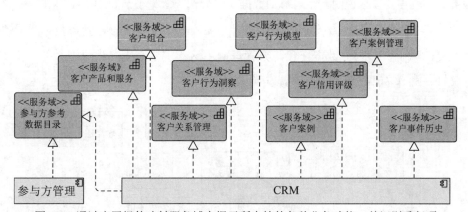

图 7-1　通过应用组件映射服务域来揭示所支持的各种业务功能，并识别重复项

上述概览可用于应用组合的合理化和优化过程。

应用图景在参考框架上的蒙盖，提供了对应用组合功能覆盖度的洞察，也可以比较不同的应用组合并评估它们的覆盖度。

从对业务功能的支持角度，可以检测出应用组合重复、差距和错位。例如，图 7-1 显示了支持参与方参考信息的两个应用。

BIAN 支持的映射有助于揭示可能的问题，应用架构师应该在银行的业务上下文中评估它们是否确实是问题。BIAN 蒙盖的优势在于，这些问题可以被精确定位，从而进行管理。

重复项

一个服务域可以映射到银行多个应用组件，避免重复和缺失的能力，为数字

57　Enterprise Resource Planning，企业资源规划。
58　Customer Relationship Management，客户关系管理。

化时代提供了具有竞争优势的应用架构。然而，专业管理下的重复可能不一定是一个问题，甚至可能是一个架构决策（例如出于性能原因）。需要采取的预防措施的类型，取决于重复的服务域的角色。

重复的服务域的职责可能是提供信息，例如，参与方参考数据、作为贷款申请中的抵押品的定期存款信息。在这种情况下，需要企业数据架构的能力，以保证信息的一致性。就数据而言，只能有一个记录型系统（System of Record，SoR）[59]，即负责数据实例的管理和质量的一个来源[60]。如果在多个应用组件中实现具有数据责任的服务域，就需要详细说明一个可靠的数据集成架构，参见小节 8.2.1 所述。

图 7-2 说明了通过数据集成架构减轻了 CRM 套件中参与方参考数据目录功能重复的风险，参与方数据在参与方管理应用这一主本系统（记录型系统）中进行管理，并作为副本传播到 CRM 应用。

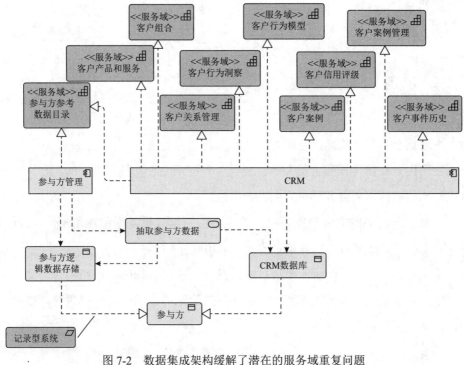

图 7-2　数据集成架构缓解了潜在的服务域重复问题

59　数据存储和管理它的应用，即指定数据集的权威来源。
60　在其他 BIAN 出版物中，使用以下术语：在 SoR 应用中，服务域是核心；在其他应用中，它是代理。

重复的服务域可以提供如头寸簿记功能，在这种情况下，必须确保在所有重复出现的情况下，正确且一致地实施此功能的业务规则。

清理重复可能涉及消除重复或精化集成方法，在这两种情况下，都应选择一个记录型系统应用（保留它，或者在集成中作为主本）。显然，其评判标准应该解决功能性问题，还要满足非功能性要求和架构契合性。

应用组合概览应明确说明，哪个应用是支持哪个服务域的记录型系统，这将引导开发和维护团队使用现有图景。

M0 银行是 M5 银行集团的成员，有两个支持投资组合的应用，新功能要么添加到其中一个，要么添加到另一个。数据在应用之间重复，用户需要知道，为哪个应用提供哪种类型的支持处理。

服务域映射揭示了上述问题。在引入企业架构功能时进行了服务域映射，这创建了 M5 银行集团应用图景的一个高阶概览。派驻到 M0 银行的应用架构师决定改善这种情况。基于不同方面的准则对这两个应用进行了评估，包括功能性准则和非功能性准则，非功能性准则如性能和开发成本，以及嵌入应用服务图景影响因素，例如服务的可用性和使用率、模块化、稳定性、可维护性、技术适应性等。架构师选择了一个最适合敏捷应用图景的应用，同时制定了另一个应用的退出策略，并逐步执行。由此，降低了维护和纠错成本，促进了业务开展。

差距

应用支持方面的差距（即不支持的业务功能缺口），其严重程度取决于该特定业务功能的重要性以及 ICT 的支持等级对该功能有多关键。

错位

应用可能支持服务域的一种奇怪混合，例如，一个应用可能同时支持交易对手风险和市场营销，另外又支持存款和贷款，这可能是其设计中的抽象示例，该映射会提醒应用架构师注意可能存在的问题。当然最终是否确实存在问题，还是要由应用架构师决定。

在参考框架上映射,并根据覆盖范围进行粗略评估,是进行应用图景评估和同类比较的第一步,BIAN 参考架构及其原则提供了其他评估准则,以便更彻底地评估图景水平[61]。第 7.1.5 节对此进行了进一步介绍。

7.1.3 实用程序与服务域对比

银行可以在比服务域更低的粒度级别上开发应用。

服务域定义离散的、可分配和可重用的业务职责。应用组件代表一个可重用的应用逻辑单元。

支持这种离散的、可分配职责的系统可能包括由广泛重用的实用软件装配的应用逻辑。例如,利息计算组件可以同时为贷款和存款提供服务[62]。

7.1.4 应用架构治理

在规模较大的企业中,有必要将架构职责划分给不同的个体,但至关重要的是,要确保内聚性和一致性,这是通过划分架构变焦级别来实现的。随着范围的缩小,细节也会增加,变焦级别参见附录 B.2 所述。在界定**应用架构领域**,BIAN 的服务图景及其业务领域和业务域能带给银行很好的启迪。

信息系统战略的制定,要考虑到应用层和技术层对银行业务战略的支持[63],应用图景蒙盖在基于 BIAN 的参考框架上,使得**"信息系统战略需求"**的分配比在传统单体遗留应用组件上更加精细,其可以在服务域级别,即支持的业务功能级别上分配此类需求。对诸如价值和风险的**战略评估**[64],也可以在更细粒度级别上进行分配。

例如,图 7-1 所示的 CRM 软件包的支持功能,可归类为记录型系统、差异

---

61 系统层面的评估包含在第 7.4.2 小节中。
62 事实上,M4 银行就有这样的设施,这大大地降低了成本,并加快了新产品的推出。
63 正如第 5 章所述,服务域是基本能力,它们是业务能力的构建块,可以用作业务能力与描述银行运营的业务和应用图景之间的纽带。因此,信息系统战略的成功可以通过服务域的实施方式来衡量。
64 例如,符合灾难恢复计划的可用性风险。

化系统和创新性系统[65]。

与业务共享的参考框架有助于将企业信息系统战略与其对业务目标的贡献联系起来。

BIAN 的参考框架也是定义银行**应用外包**策略的工具,每个服务域都是一个可能的应用组件,它可以是内部开发的,也可以来自软件供应商或应用服务提供商。供应商最好是 BIAN 兼容的[66],因为这将有助于其产品参与银行的应用组合编排。

展现为"一页纸银行"的参考框架,是触达企业管理层的强大沟通工具。

例如,图 7-3 是一个 BIAN 成员在"一页纸银行"上说明支持每个服务域应用的战略定位示例。有了这样一个应用同服务域映射的工具,管理层投资此类应用的动机就会变得更加透明。

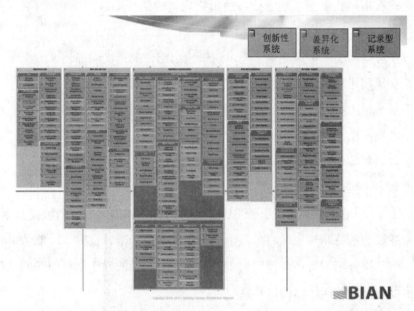

图 7-3　BIAN 成员通过"一页纸银行"向管理层传达应用架构战略示例[67, 68]

65　正如 Gartner 的步调分层应用策略(Pace-Layered Application Strategy)一样,这是一种对应用进行分类、选择、管理和治理的方法,以支持业务变革、差异化和创新。
66　BIAN 正在开发针对软件供应商的认证计划。
67　BIAN Architecture Working Group,2017a.
68　对于服务域名称不可读的事实,我们深表歉意,该图的目的是说明服务图景管理和沟通应用图景构建块的战略定位的能力。对于该图的在线版本,请免费查看并下载于 Van haren 官网。

7.1.5 参考应用架构的构建块和原则

BIAN 的组件化设计最大程度地实现了业务功能的跨产品复用，它定义了标准集成边界。因为只需要新产品的特有逻辑，并且许多需求可以通过重用已建立的设施来支持，新的产品设施就可以被快速建立。参考应用架构充分利用了这一点。

参考架构为银行实际图景架构设计提供原则、指南、模式和标准的指导。BIAN 框架可以从以下三个方面支持银行制定参考应用架构。

- 提供应用组件的描述和界定。
- 提供应用组件职责的原则和指南。
- 提供用于定义参考模式的基本构建块。

候选基本应用组件

逻辑应用架构受益于基于业务逻辑构建块的结构，这正是 BIAN 参考架构[69]所提供的。

该参考框架的服务域提供了基本逻辑应用组件的语义层描述。

第 9 章阐述 BIAN 还提供封装了每个参考应用组件的参考应用服务。

根据一组服务域和服务操作来划分实际的应用组件和应用服务，为应用架构提供了可操作性，这些基本构建块可以灵活地调动起来，用于不同的编排（想想数字化转型和参与到开放金融生态系统）。

原则和指南

第 1.2.3 小节详细阐述了引领 BIAN 架构**组件化和面向服务**的**敏捷原则**。

服务域的独特职责意味着，每个信息实例都由一个且仅有一个服务域管理和提供。一个服务域需要在其控制记录中提供其所管理的操作信息相关的信息，以**保证信息的一致性和信息的公开性**。

服务域信息概要中除了控制记录信息外，还包含服务域信息。一个服务域还负责收集和提供**服务域治理信息**[70]，这是有关其自身功能（如可用性、容量、性能）的信息，应用组件治理信息的可用性有助于应用图景的整体质量管理，在设计系统时不应忘记这一点，它应该是参考架构指南的一部分。

---

69 这些构建模块可以在银行特有参考框架中进行定制，如第 4.2.2 节所述。
70 在服务域信息概要的"服务域信息"部分。

构建块用于参考模式

第 6.1.5 小节解释了业务架构师和应用架构师如何共享服务域编排的**概念模式**，以确保银行安全、高效、可控地提供金融服务。那些帮助概念模式在应用层级上具体化的标准和指南，也明显有别于业务级别的标准和指南。

应用架构师将为每个平台及环境定义标准，换句话说，他们将添加实际需要用于模式实现的应用组件和服务。

所谓的标准，是实际的应用和应用服务，可能会因应用和技术平台的不同以及架构风格的不同而有所不同[71]，它们可能会随着技术的发展而发展，但服务域所表达的概念模式将保持稳定。

此类模式的概念层不需要由业务架构师提供，应用架构师可以自己详细阐述该概念层，他们可能不得不扩展某些模式，例如安全的多渠道客户访问，因为此类模式需要技术能力而不是业务能力。图 7-4 显示了安全、多渠道客户访问模式的虚构示例，这是一个聚合模式，由基本模式组成。

处理外部访问的服务域（类型 3 连线图）

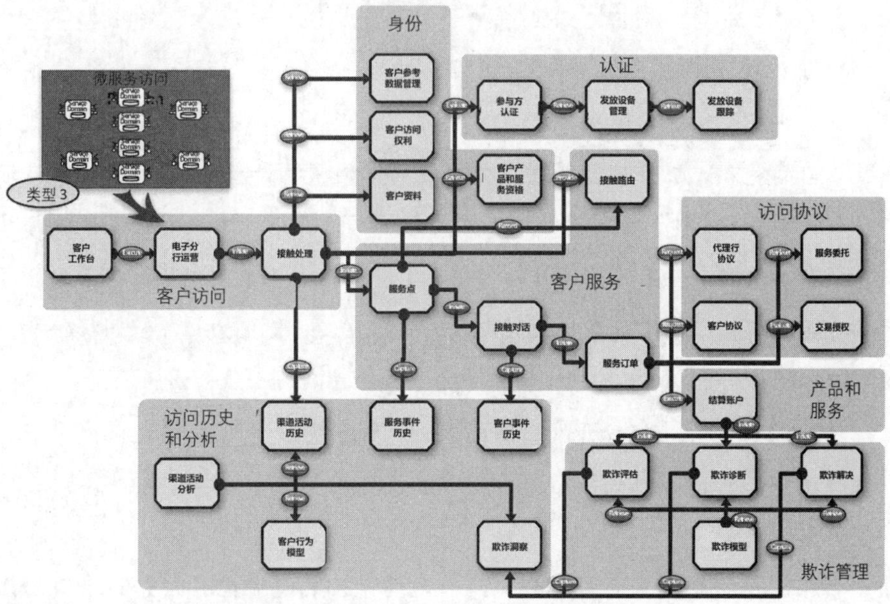

图 7-4 安全客户访问的概念性参考架构模式

71 参见第 7.5 节“BIAN 和应用架构风格”。

使用参考应用模式和标准将提高应用平台的质量，提高系统开发和维护的效率和效果。事实上，模式是引入新产品、渠道、企业管理方法等时的检查清单，因为它描述了银行所有分区的一致性，并且为设计人员和开发人员提供了指导，从而节省了宝贵的架构时间，以确保项目和测试范围的完整性。

> **M5**
>
> M4 银行的企业应用架构团队维护着企业应用蓝图，它最初是作为项目的检查表，以弥补那些重复出现的，因忘记服务连接而直到端到端测试才浮现，从而导致项目延期的问题。很快它就演变成在与业务组织部门合作中一个全规模的参考架构实践。
>
> 参考架构的业务层描述了如产品协议销售和履行的业务功能应如何与参与方参考数据、客户和财务会计、风险管理、客户通信等配合。
>
> 参考架构的应用层描述了需要实现的产品协议系统与支撑应用（如参与方和币种管理、产品目录、通信、头寸簿记）之间需要如何配合。它包含多个脚本，描述需要涉及哪些应用、采用什么模式、针对哪些特定业务请求，例如引入新产品或新的访问渠道等。
>
> 企业应用架构师和业务组织部门决定为参考架构创建一个公共的概念层，业务部门的职责发生变化，应用随之发生变化，概念层以服务域方式来表示模式和脚本，这层概览层对业务和逻辑应用架构是公共的。
>
> "安全渠道访问"的章节由应用架构师编写，并得到安全和技术架构师的支持，本章是概念蓝图的一部分，但是对于业务人员甚至应用设计者来说，预计不是其常识。在应用中这些模式由专业团队开发，他们为产品应用提供标准的接口。BIAN 提供的与客户访问相关的业务场景启发了这个团队。
>
> 企业应用蓝图非常受开发团队的欢迎，他们习惯于在提供大量可重用组件的环境中工作，在端到端解决方案中，他们经常在端到端编排中忘记一个或其他重要元素。
>
> 企业应用维护团队同样感到满意，尤其是那些负责经常被忽视系统的团队，他们现在更经常及时地参与到项目中。

7.1.6 评估和改善应用图景

基于 BIAN 参考框架的映射提供了一个应用图景所支持的业务功能的概览，可以评估应用图景所提供能力的覆盖范围。

为了全面评估功能支持的质量，需要评估每个应用在实现功能的业务需求上的绩效。与通过业务组织、流程和应用的单一层级展现相比，把业务活动和应用都映射在 BIAN 通用参考框架上，可以实现更准确的评估。

服务域映射及与 BIAN 启发下的参考应用架构的比较，可以提供对应用图景质量的整体评估。

该**映射**不仅揭示了覆盖范围的差距，还揭示了存在的重复功能和单体应用。重复要么导致信息不一致和/或提供行为支持的不一致，要么需要持续的集成工作量，并导致更高的维护成本和运营开销。单体架构通常意味着重复和低可操作性的风险。

具备与参考框架有良好对应的一个应用图景会为下一级的评估提供良好的起点。这一层会涉及 BIAN 原则和**参考架构（或银行基于 BIAN 的参考框架）合规性**的评估。

评估准则的一些示例如下。

- 服务域仅由一个应用组件支持。
- 应用组件映射到一组紧密合作的服务域。
- 应用组件通过服务进行交互，而服务要对应到 BIAN 服务操作（或清晰组合的服务操作）。
- 数据通过数据服务开放。

绘制和评估应用图景在不同的上下文中都是相关的。

首先，银行总是希望跟踪其应用组合，并在需要时对其进行合理化。其他的上下文如**合并和收购**，以及接收企业范围的供应商解决方案。

在合并的情况下，逻辑重复是肯定的。在参考框架上映射应用平台和业务组织，可以深入了解其重叠部分，并作为选择组合应用平台最佳候选者的第一步。除了覆盖度，应用图景的质量也是一个重要的选择标准，因为它定义了支持银行战略的能力。

企业合并伙伴或收购目标的应用平台的质量，也需在决策前的尽职调查阶段进行评估，BIAN 蒙盖提供了一种用于评估应用平台的通用语言。

M4 银行是 A 银行和 C 银行合并的结果，规模经济是其合并的目标之一，两家银行的后台和分行都被合并。需要一个通用的应用平台，对两家银行的应用平台进行比较，以选择最适合新 M4 银行的应用平台，平台比较所依据的两个主要准则如下。

第一，要有能力支持新 M4 银行业务功能，因为它将提供 A 银行和 C 银行的合并的服务。

第二，要保证平台的质量，其中包括敏捷性（组件化、面向服务等）及数据质量。

要做的第一件事情是对 A 银行和 C 银行业务活动进行汇总，形成新 M4 银行的业务活动清单。选择 BIAN 框架来创建通用语言，以比较两家银行的业务活动。

第二步要做的是，将用 BIAN 术语表示的活动清单映射到 A 银行和 C 银行的应用组合上，A 家的平台几乎涵盖了所有必需的功能，而 C 家的平台缺少对某些产品特性和企业级流程的支持。

另一方面，A 平台以严格的单体应用方式存在，暴露出了明显的功能重复。由于没有适当的数据集成架构，数据在多个应用中重复，这会导致数据质量问题，以及企业数据仓库中高成本且不可信的整合。

C 平台由服务赋能的应用组件组成，每个组件的职责都映射到一组密切相关的服务域上。数据通过信息服务开放，通过将责任分配给一个且仅一个应用来保证数据质量。添加缺失的功能不需要返工，只需要将额外的功能植入现有的应用服务图景中即可。

合并工作组建议合并指导委员会选择 C 平台并添加缺少的功能。他们认为，C 平台更适合未来，能提供所需的敏捷应用平台和定性、开放的数据。指导委员会同意这一提议，将 C 平台升级成为 M4 银行的应用平台，所有活动都是从A平台迁移到M4平台上，但不是以大爆炸方式，而是循序渐进，按照平台升级的步伐进行。

制定M4平台分步升级策略，以及将客户和产品从A平台逐步适配到M4平台的一致性迁移策略，需要有严谨的架构和解决问题能力。基于BIAN服务域蒙盖的方法，提供了业务和应用功能的映射，此方法在规划阶段被大量使用，并在实施阶段得到不断调整。因为升级和迁移是根据初始计划并在给定的初始预算内执行，所以后续变更的影响分析结果是可靠的。

使用通用参考框架，有益于评估供应商解决方案的组合对银行业务功能的支持程度，既表达了业务功能，又表达了供应商的覆盖范围。在"一页纸银行"画布上展现的供应商解决方案的覆盖范围，可以在眨眼之间向管理层传达信息。

BIAN正在制定针对供应商解决方案的认证计划，涉及制定准则来评估解决方案是否在模型和原则方面符合BIAN架构。

外部化：遗留系统合理化的一种技术

包括业务和应用的遗留环境，通常可以追溯到流程孤岛思维时代，这种僵化、封闭的环境无法支持数字化时代的银行要求。

BIAN架构为问题诊断提供支持，并提出外部化的概念作为解决方案。外部化是避免或消除重复和实现重用的核心概念，它应用于BIAN架构的验证。外部化具体涉及什么内容取决于业务上下文。

外部化旨在共享业务和技术资源，术语"外部化"用于优化服务域的划分。一个服务域仅履行其核心职责并提供相关服务，它通过使用其他服务域的服务，将其他功能委托给其他服务域处理。

这里，我们使用术语"外部化"来指代以相同方式对应用的界定的优化。

BIAN框架促进了外部化，服务域是结构化的外部化思维的结果，决定哪些逻辑是核心的，哪些逻辑需要委托给其他服务域。服务域基于模式的方法确保了清晰的职责划分，如第2.4节中所述。

在设计新系统的上下文下，外部化涉及如何在应用服务图景中进行新系统的"嵌入"，系统中仅实现核心功能，所有支持功能都委托给应用服务，第6.1.5小节详细阐述了嵌入概念以及 BIAN 如何支持此概念。

在优化一个遗留环境的上下文中，外部化主要通过以下两个考虑因素减少功能重复和碎片。

- 通过消除遗留应用的功能，并替换以应用服务调用来减少冗余。
- 通过服务化遗留系统功能，创建符合服务域和相应服务操作的应用服务的能力来减少冗余。

基于 BIAN 的参考框架都可以促进这两种类型的工作。

BIAN 参考框架在应用图景上的映射，显示了哪些服务域功能是在特定应用中实现的，可以展现出多个单体应用功能重复的地方，服务域的分区澄清了哪些功能应该也可以委托给其他专门的应用组件或服务。

根据 BIAN 服务域和服务操作对应用服务目录进行组织，可以展示应用服务组合中的差距，详见第 9 章。某些服务域提供的服务可能会缺失，该服务域可以很好地在某些应用中实现，但它未被服务化。

通过应用服务进行功能的隔离和封装不一定要创建一个独立的应用组件，重要的是应用服务可以被其他应用重用，通过包装遗留应用也可以达到期望的效果。

针对相同服务的外部化，可能有多个应用包含候选的逻辑，应用架构师将决定哪个应用会成为记录型系统，即被视为这些服务的真实来源。其他实现要么必须被消除，并由服务调用取代，要么成为副本[72]。

消除功能并切换到服务调用或一个主副本关系并不总是那么简单，现有应用逻辑的服务化也不容易。用新的解决方案来替换可能更便宜或方便，或者当维护成本和不一致的风险更高时，选择什么都不做。BIAN 支持对问题的诊断，是否建议一个方案由应用架构师来决策，作为决策过程的一部分，技术考量、风险评估和应用的战略定位可以被考虑到。

外部化提案是应用架构变更提案组合的一部分。

---

[72] 主副本关系通常在数据上下文中使用，其中记录型系统是经过认证的源头，副本要从主本同步。这里，我们还使用这些术语来表达已实现的功能需要保持调整的事实。

7 BIAN用于应用层

位于 Awayland 的 M0 银行是 M5 银行集团的一员,作为集团架构能力的首批举措之一,集团应用平台在参考框架上的映射揭示了多个大型单体应用在主要服务域上的聚集和严重重复。其中之一是贷款应用,它支持全部的贷款产品类型,这是一件好事,但也因此带来许多支持性功能的重复。最关键的问题是,结算账户头寸的重复需要立即解决,因为它带来了不可接受的风险,参见第 8 章中的 M5 示例。这并不是一个完全负面的体验,因为它揭示了一个完全可以接受的内部组件结构,未来一步步进行外部化的努力看来是可行的,没有业务案例需要去用新的、基于组件的系统来替换该应用。

图 7-5 描述了逐步的应用外部化和应用服务化。针对客户关系管理程序,贷款应用将其参与方参考数据管理功能外部化,并切换到参与方管理应用的服务上。它将其参与方信用风险管理功能隔离在单独的参与方风险管理应用中,这也将为其他流程提供信用风险评估服务。

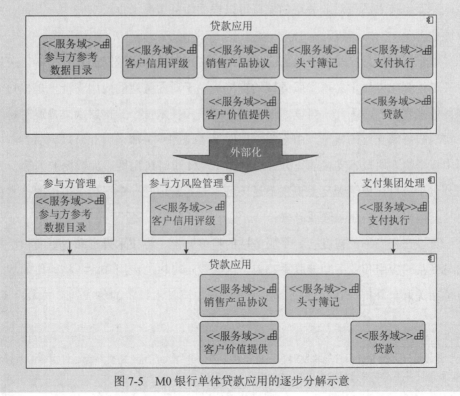

图 7-5 M0 银行单体贷款应用的逐步分解示意

> 单体组件化的下一步将是剥离其支付功能，作为在 M5 银行集团引入支付集团服务计划的一部分，M0 银行的贷款部门将不再自行付款和收款，而是将这些支付指令的执行委托给支付集团服务组织及其支付集团处理应用。贷款应用将清除相应的逻辑，并将其替换为与支付集团处理应用的服务交互[73]。

7.2 链接技术图景到服务域

技术应用架构定义了应用层如何使用技术，技术不提供业务功能，但它为应用提供功能，因此，技术资源不能直接映射到服务域。BIAN 参考框架不提供对技术服务的定义和界定的支持，它与技术无关，并且不表达对一种技术或另一种技术的偏好。

然而，技术图景对业务层的支持可以根据服务域参考框架来表达，并进行相应评估。

基于配置信息应该能够沿着应用图景元素跟踪技术资源间的相互支持，可以对其进行细化以显示对每个服务域的支持。由于对业务层的应用支持也是按每个服务域来表示的，因此，可以通过业务、应用和技术三个架构层次来描述对每个已实现服务域支持的概览。由于需求也向下渗透到服务域，因此可以评估参考框架中每个构建块技术支持的充分性，例如 7×24 小时可用性、大数据能力等。

由于可以在更细粒度上识别不足，可以更容易地将一个平台上可用的技术机会与其他平台上的需求联系起来。

可以在相当细的粒度（一个服务域的粒度）上，将技术投资和变更的积极影响与受益的应用和业务功能联系起来。这些投资可以与应用和业务构建块的战略定位相关联，并提升在企业投资和变更组合中同技术投资的集成性。技术投资、

---

[73] 贷款部门仍然负责跟踪贷款发放和还款扣款，因此，贷款应用还是要跟踪支付指令的执行状态。外部化并不意味着责任的丧失。

应用投资和业务投资可以在更平等的基础上进行比较，从而使技术的附加值可以更清楚地传达给管理层。

>
>
> M5银行集团新成立的企业架构团队采取的首要行动之一是，使用BIAN服务域作为参考框架，快速构建一个不太干净的粗颗粒度的高阶架构目录。
>
> M5企业架构团队对集团内可用的技术进行了盘点，并与所支持的应用进行关联，基于存在许多相似之处的事实，决定开始从集团层面重新协商合同。还有一个惊喜的发现是基于规则的技术，该技术成功支持了一家银行的监管合规应用，当法规经常发生变化时，应用维护变得很少，并且很少再需要执行手动检查。这项技术在集团层面可能非常有用，它可以广泛支持依赖于复杂、但可预测业务规则的其他服务域。

7.3 BIAN用于应用投资和变更组合

参考应用架构在应用图景上的蒙盖有助于检测可能引起操作问题的问题域，例如，不受控制的重复、标记为"已弃用"的服务的使用等。按照BIAN参考框架表达的一个业务战略，结合信息系统战略，有助于评估应用平台的准备就绪情况。

基于这些见解，应用架构师可以编写变更建议组合，旨在优化和适应未来的应用图景。

根据服务域参考框架，应用图景变化的影响可以向上投射到业务层。因此，不仅可以识别当前应用支持的、将受到影响的业务领域，此外，还可以调查其他业务领域中实现相同服务域潜在的协同效应。

基于BIAN的参考应用架构支持完整地定义变更范围。

为了进一步探究基于BIAN的通用参考框架对于优化投资组合管理和与管理层高效沟通的好处，可以参考第5.3.4节。

服务域参考框架作为管理沟通工具，对于源自应用和技术层的变革倡议更为重要，它以清晰且无可争议的业务术语解释了这些举措的影响和好处。

7.4 BIAN 用于应用系统

正如第 6 章所述，新功能的业务需求分析涉及以下两个层面。

- 新功能需求，例如，新产品、新客户访问渠道或新型风险的管理。在本节中，我们将其称为"系统"。
- 新功能在企业中端到端嵌入的需求，例如，新产品与客户访问渠道的连接、在财务会计或风险管理方面需要处理的方式，以及新型风险管理对销售和运营可能产生的影响等。在本节中，我们将系统及其在企业中的嵌入称为"端到端解决方案"。

7.4.1 端到端解决方案架构

参考框架用于表达需求

如果系统开发方法一致地采用统一参考框架，新解决方案所需的业务需求可以按照每个服务域和参与端到端解决方案的每个服务连接进行记录。使用通用的语言和参考框架改善了业务和 ICT 的沟通，并实现对齐。

如果业务需求不是使用服务域和服务连接进行结构化表达，应用架构师或系统设计人员就可以采用基于 BIAN 的参考框架来重新组织业务需求。端到端解决方案的需求现在被结构化为一组服务域（不论定制与否）的协同，图 7-6 以可读格式呈现图 6-8 中的连线图[74]。

---

[74] M5 银行集团使用 2015 年版 BIAN，就支付集团服务工程而言，M5 集团表示，自动清算所履行服务域的实现，因该集团所对接的每个自动清算所而不同。

7 BIAN用于应用层

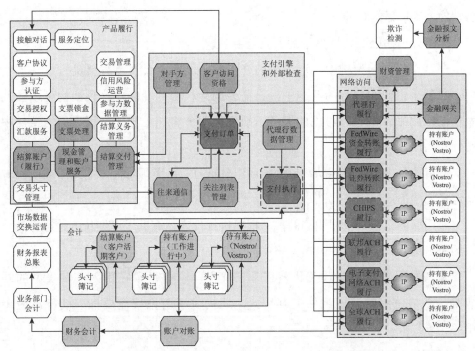

图 7-6 端到端地嵌入支付解决方案的连线图 [75]

基于 BIAN 的参考架构以确保嵌入到企业中

如果有一个参考业务架构以 BIAN 的构建块和模式表示,如第 7.1.5 小节所述,则业务需求很可能覆盖整个端到端的解决方案。新功能对企业的影响将被考虑在内,应用参考架构模式可能需要添加更多技术内容,例如多渠道访问,直到解决方案的连线图覆盖新功能在企业中的端到端嵌入。或者至少,参考架构提供的检查清单可以最大限度地降低企业中端到端嵌入所需的连接可能被遗忘的风险。

BIAN 的服务域非常适合企业应用组件的界定和高阶规格化[76],连线图用于区分可作为潜在应用组件的服务域,它们是新功能的核心,如图 7-6 中的虚线所示。以灰色显示的是与核心功能直接交互的功能,以浅灰色显示的是在组织中端

---

75 Ginsburgh,2015.
76 "与实现架构一致的应用功能封装"(The Open Group,2019)。"它是可独立部署的、可重复使用和替代的,应用组件执行一项或多项应用功能,封装其行为和数据,开放服务并使其通过接口可用"。

到端的嵌入所需的功能。

连线图现在已准备好投影到企业应用图景上。

在基于流程的架构中，连线图的许多服务域可能会在流程孤岛方案里被实现。在基于组件和服务的架构中，只需要构建核心的功能，这种架构可以插入所需的应用平台上已经可用的服务，缺失的服务将在单独的、可重用的组件中实现。

应用图景中已处于活动状态的应用组件被打上服务域标签，有助于新解决方案选择将要插入的服务。

应用服务目录可根据相同的参考框架进行搜索，有助于更细粒度地选择最合适的应用组件和应用服务，详见第 9.1 节。

参考应用架构使这项工作变得非常简单，它提供了在引入某种类型的功能时，必须使用的应用组件交互模式，还提供了新系统需要插入的标准应用服务。

确保项目范围完整

端到端连线图对于定义项目管理范围也非常有用，新功能显然是项目范围的一部分，如果需要对重用的应用组件进行更改，它也应该是项目管理范围的一部分。

端到端解决方案中使用的所有应用组件都应包含在项目测试范围内。

7.4.2 创建"系统"

新功能可以通过不同的方式引入应用图景中。

- 重用：将新功能添加到一个或一组现有应用中。
- 购买：选择软件包或应用服务提供商。
- 构建：开发定制的一个或一组新应用。

BIAN 参考架构可以在所有这些场景中发挥作用。

重用或购买：寻找并评估候选方案

如果要采购系统或银行内的一个或多个现有系统是新功能的可重用候选项，则应组织对候选方案是否适合需求进行评估。

银行可以根据其服务域标签对应用堆栈中可用的候选系统进行跟踪，如下文例子中图 7-7 所示。

与 BIAN 兼容的软件供应商，将能够根据参考框架记录它们对需求的覆盖范围。

这样的通用参考框架有利于进行解决方案的比较，它可以精确定位需要添加或调整以满足需求的领域。下文例子中图 7-8 显示了如何根据服务域评估不同供应商与需求的遵从性的示例。

能够契合端到端解决方案，在银行应用平台上插入可用服务的能力，是对新系统的一项重要需求。参考应用架构将基于此需求以及其他指标为候选系统的评估提供统一标准。如图 7-6 的灰色和浅灰色服务域所示，如果系统需要插入的服务在候选系统中重复，则需要展示出如何确保图景的完整性；如果数据重复，供应商解决方案还需要能够插入数据集成架构中，即从记录型系统获取数据，其质量要满足核心功能[77]；如果业务逻辑重复，则需要保证与银行中可用逻辑的一致性。

M5 银行集团的支付管理会议同意新支付集团服务的规范及其在银行生态系统中的植入。

项目团队现在需要决定是构建还是购买系统，或是改造集团中已有的一个应用系统。

显然，银行应用图景上的服务域映射明确揭示了许多应用中都存在的支付功能，通常情况下，它是作为具有产品-协议功能的一个大聚合的一部分。

这被认为是引入集团服务（该功能需要被外部化，并切换到集团服务）的对于影响分析有用的信息。

此类应用被认为不适合改造或升级为集团服务应用，然而，项目团队在 Homeland 平台上发现了两个候选方案。

---

77 第 8.4 节描述了 BIAN 用于系统级信息和数据，以及受 BIAN 启发的与数据架构相关的要求。

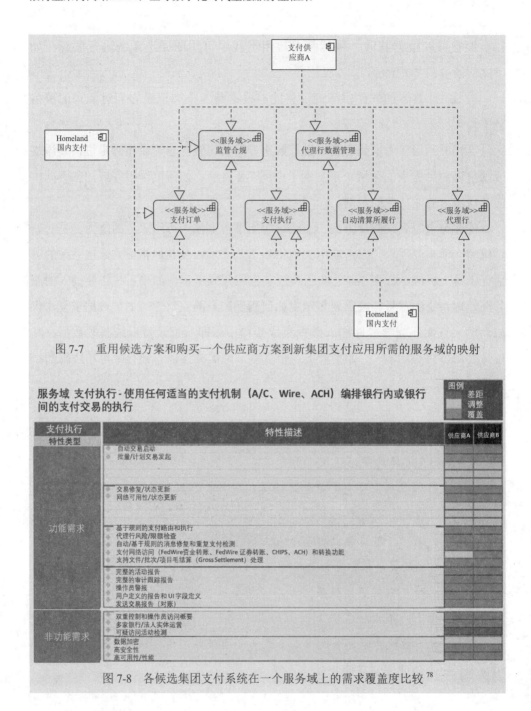

图 7-7 重用候选方案和购买一个供应商方案到新集团支付应用所需的服务域的映射

图 7-8 各候选集团支付系统在一个服务域上的需求覆盖度比较[78]

78　Ginsburgh，2015.

> 对所需服务域的覆盖度进行比较，从中发现两个系统之间的差距。尽管入围名单上的供应商提供的软件包都覆盖全面，但团队还是选择了 Homeland 国际支付系统。因为这两个供应商软件包都缺乏端到端解决方案所需的平台插入的能力，它们无法使用实时的结算账户头寸数据，也无法确保即时调整结算账户头寸。打开软件包的原始数据将是一个相当大的常规性成本，由于这两项需求对集团而言是最基本的，因此购买选项就打了折扣。

构建：系统架构

如果要定制系统，下一步就是细化其架构，基于 BIAN 的参考架构将有助于界定应用组件及其服务。

请注意，服务域和应用组件之间不必是一对一的关系。

服务域代表业务服务中心，应用组件还可以代表更细粒度的实用程序，例如利息计算、货币兑换计算等，实用程序无疑是应用平台上的宝贵资产，它们应该与参考应用架构中基于服务域的组件受到同等对待。

理论上和在某些技术环境中，每个服务域将被实现为一个应用组件，并且所有业务活动将由这些应用之间的服务编排支持。在实践中，出于性能和操作一致性等原因，应用将组合多个服务域的功能，在实现这种"服务域聚集"的应用组件中，功能应该保持整洁、不杂乱，应用服务必须根据整洁的服务操作进行划分。

图 7-9 说明了将软件产品划分为三个基于 BIAN 的组件的编排，该软件产品提供受 BIAN 启发的服务和开放 API，这三个服务域是业务场景中的一个聚集，连线图则代表了一个"业务故事"。在内部，每个服务域仍然是一个构建块，提供由业务场景和连线图定义的内部 API 服务。

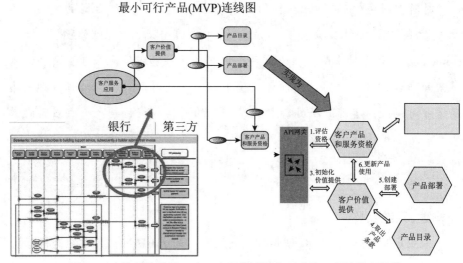

图 7-9 内部保持整洁、由三个服务域聚集而成的一个软件产品[79]

7.5 BIAN 和应用架构风格

BIAN 参考架构与 1970 年代到 2020 年代的应用架构发展相关。对于所有架构风格,从基于组件的设计到面向服务和企业应用集成(enterprise application integration,EAI),再到容器化微服务,精心设计的具备高内聚、可封装、可替代、可重复的组件是其中的关键,这有助于不同架构风格之间的互操作性,以及向更复杂风格的迁移。良好设计的组件和服务变得更加重要,以应对应用架构风格的复杂性,满足组件和服务在开放金融生态系统中发挥作用的雄心。

出于启发目的,BIAN 区分了三种应用架构风格,这些风格在考虑组件化和面向服务的逻辑应用架构上的复杂程度有所不同。它们在技术、连接性和安全设施的复杂程度方面也存在差异。显然,还可能存在更多的组合。

有以下几个级别区分。

第 1 级"直连核心":应用通过服务进行协作,这些服务并不总是被很好地分界,并在其 API 中使用了银行特定的语言,服务调用直接发送至提供服务的

---

79 Petroni, Nandakumar & Spadafora,2020。

应用，服务的访问仅对同一技术平台上的应用开放，最终用户和合作伙伴可以通过流程逻辑应用层进行访问，以实现定义明确、可预测和可重复的服务交换。

第 2 级"包装主机"：通过 EAI 设施促进对服务的访问，例如 ESB[80]，它实现了平台之间的互操作性，并使互操作性对于服务用户和提供方而言更加透明。ESB 的翻译功能支持使用逻辑上和技术上的通用语言规范接口；其集成功能可以通过将应用服务拆分为更细粒度的服务，并将它们连接起来，例如收集不同数据存储中的可用数据，从而屏蔽遗留应用图景的问题；其寻址功能可以隐藏服务的来源；而其安全功能可以进行访问控制，从而实现技术平台、多渠道的服务共享。

第 3 级"分布式架构"：应用组件是整齐划分的服务中心，应用服务被整齐地界定，并通过复杂的连接中间件提供规范化接口。此级连接提供了对应用服务的开放、高度灵活的访问，旨在灵活、快速地将它们编排为银行新的交互和功能，以满足开放 API 经济中利益相关方的要求。由于信息交换的不可预测性，因此，需要一个复杂的安全层。

应用架构风格对应不同的业务需求，如表 7-1 所示。

表 7-1 业务驱动对应的架构风格

项目	直连核心	包装主机	分布式架构
业务驱动力	提供对已建立的客户和合作伙伴的访问	屏蔽遗留限制，实现平台之间以及与不同合作伙伴的合作	支持复杂的交互和新的商业模式； 第三方集成
示例	查询余额； 检索账户报表； 通过客户访问渠道发起支付	在合作伙伴平台上销售消费贷款； 从销售平台发起付款； 提供 PSD2 信息	购买火车票和音乐会门票； 使用最佳的商业服务提供商； 潜客转客户、向上/交叉销售

通过使用 BIAN 参考框架来塑造应用架构，直连核心平台的效率和可操作性大大增强，如第 4.3 节注脚中 M4 银行出色的基准测试结果所示。

对于传统的架构较差的遗留平台，可以借助 BIAN 参考框架通过包装主机风

---

80 Enterprise Service Bus，企业服务总线。

格进行升级，它的缺陷可以通过包装技术[81]和外部化来隐藏，如第 7.1.6 小节所示。EAI 基础设施将可用的应用服务组合转换为基于 BIAN 的服务目录，BIAN 的服务域和服务操作提供了离散且不重叠的基本服务的服务目录。通过使用包装器进行问题缓解，延长了遗留应用的寿命并支持迁移策略。良好设计的遗留平台也会受益于这种风格的技术，其服务可以向其他技术环境开放，并以规范语言进行翻译，以适合开放 API 经济。

分布式架构需要像 BIAN 这样的行业开放标准，以帮助划定其服务中心并规格化其开放 API。

越基础的业务驱动力由越基础的架构风格所支持。它们不是被替代，而是由"分布式架构"风格可以支持的需求补充。

应用架构风格可以共存，实际上，同一个应用可以提供"直连核心"服务，同时也可以被包装以提供"包装主机"风格的服务，甚至"分布式架构"风格的服务。

为了取得成功，这些风格有一个共同的必要条件，那就是，组件及其服务需要是良好定义的、基本的且符合 MECE 原则的。语义界定质量的重要性随着技术复杂度的提高而增长。

BIAN 的服务域及其服务操作（细节上称为语义 API 端点），为此类基本的、符合 MECE 原则的组件和服务提供了稳定的、语义层的高阶定义。

使用 BIAN 标准作为组件和服务定义的基础，可以确保架构风格之间的逻辑互操作性，它使架构风格能够共存，同时方便从一种风格演变为更复杂的风格，实现渐进式迁移。

使用 BIAN 标准提出的基本构建块和服务操作，可以支持架构风格之间的功能互操作性，并有助于逐步升级到更复杂的架构风格，而无须进行重大返工。

BIAN 和微服务

微服务作为微服务架构的构建块，是最基础的基本组件，具有内聚性、封装性、可替换性、可重用性，并围绕业务能力进行组织。它们具有高度可维护性和可测试性，并且可独立部署。

---

81 应用编码层，将与应用的交互转换为所需格式，而不必更改应用本身。

显然，BIAN 并没有对开发、部署和运行微服务架构所需的技术和中间件做出任何声明要求。

服务域执行单一、离散、连贯的功能，并处理该业务角色的所有实例，其控制记录包含其功能运行所需的和所创建的所有信息，它在功能上是自包含的。因此，BIAN 为微服务的高阶概念界定提供了支持[82]。

7.6 自我测试

1. 以下哪项语句正确描述了 BIAN 如何支持应用架构和应用设计？
   A. 只有在需要与云端合作伙伴进行交互时，才需要使用 BIAN 服务域来划分应用组件。
   B. 业务场景和连线图可以支持应用组件的划分，因为它们可以检测紧密协作的服务域聚集。
   C. 服务域为应用组件提供稳定的界定，确保其可替换性。
   D. 一个应用组件需要与一个且仅有一个服务域保持一致。

2. 以下哪项陈述没有描述对 BIAN 提供的参考框架的使用？
   A. 将应用蒙盖在基于 BIAN 的参照框架上，可以识别它提供的功能。
   B. 在基于 BIAN 的参考框架上蒙盖各应用，可以对它们提供的功能进行同类比较。
   C. 将业务组织及其应用平台蒙盖在基于 BIAN 的参考框架上，有利于评估应用平台提供的覆盖范围。
   D. 将业务组织及其应用平台蒙盖在基于 BIAN 的参考框架上，就足以评估应用平台提供的质量。

---

[82] 是业务微（大）服务，而不是细小的实用程序，BIAN 的服务域定义了基本的业务角色，微服务本身还可以实现非常细粒度的实用程序，例如校验位计算。

3. 下列哪项陈述是不正确的？

A. 优化应用组合需要采用符合 BIAN 参考架构的新应用来替换遗留应用。

B. 用于定义新解决方案架构的业务场景应仅限于需要引入或更改的核心功能。

C. 评估应用平台质量的要素之一，是其应用组件的划分在多大程度上符合 BIAN 参考架构。

D. 按每个服务域规格化解决方案的需求，有助于对可能的解决方案进行比较。

8　BIAN 用于信息和数据

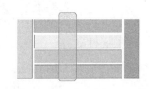

信息[83]作为企业资产的重要性不可低估，敏捷的数据架构[84]如何提供灵活、可利用的信息仍然是一个挑战。

通常，人们只是从一个业务筒仓的角度来看待信息，不同的商业组织在业务概念上没有共同的观点，也缺乏共享信息的通用语言。

一直以来，人们仅根据应用的需要来管理和存储数据，应用常被设计成支持业务筒仓，这导致了数据图景碎片化、数据无休止地重复[85]、数据冲突和数据质量不足。数据集成需要付出巨大的努力，尤其是因为缺乏明确的业务含义。

BIAN 参考框架将信息视为行为的平等伙伴，BIAN BOM 对与金融机构相关的所有业务对象进行建模。其业务对象是一个金融机构所需信息的基本的、符合 MECE 要求的构建块。

服务域的信息概要包含服务域所需的以及描述服务域功能的所有信息，此时，控制记录模型中只描述控制记录中包含的信息。

服务域 BOM 模型根据业务对象建模方法，对同样的信息进行建模，如第 2.6 节中所述。

BIAN 的 BOM 模型是按服务域逐个构建的，但它不仅仅是每个服务域感兴趣的业务对象的总和。通过整合各个服务域 BOM，可以确保 BIAN BOM 的完整性（工作进行中），但我们并不是基于服务域的使用来组织 BIAN BOM 的结构。产生 BIAN BOM 的模型结构不是基于当前已知的信息用法，它是基于内容和结

83　术语"**信息**"用于商业视角，信息是企业需要或想要知道的，它可以被人类使用。
84　术语"**数据**"用于应用视角，信息作为数据被处理并存储在 ICT 平台，可供应用使用。
85　您的银行还有多少个客户数据库？尽管参与方作为主数据的概念，通常是最先被纠正的概念之一。

构——信息模式,如第 2.6 节所述,这种方法确保了渐进细化过程中的一致性和可扩展性。

一个服务域 BOM(以及相应的一个控制记录[86])是 BIAN BOM 上的一个视图。

银行可以使用 BIAN BOM 模型的基本版本,也可以根据自身的具体情况进行定制,并细化以代表其完整的信息需求,第 8.1 节描述了如何将 BIAN BOM 定制为**银行 BOM**。

BIAN BOM 模型可以用作参考框架,映射信息图景和数据图景,这有助于获得银行信息资产管理和存储的位置和方式,以及它们如何在企业中流动的概览,如第 8.2.1 小节所述。BIAN BOM 提供了评估和改善数据图景的能力,如第 8.2.2 小节所述。这在支持商业智能环境方面特别有用,商业智能环境要求银行的所有信息资产都可以自由导航,如第 8.2.3 小节所述。这些信息资产可以由业务对象进行描述,并接收战略价值和风险分类,该分类被传递到相应的数据存储,如第 8.2.4 小节所述。通过配置信息,数据技术可以映射到通用的参考框架,如第 8.2.5 小节所述。

通过更清晰地了解受影响的信息资产及其价值和风险,如第 8.3 小节所述,可以改进信息集成和数据投资与变更组合业务案例。

业务对象建模方法和 BIAN BOM 或银行 BOM 模型,作为各个服务域 BOM 的总和,支持系统信息需求的规格化以及在数据架构中应用系统的嵌入,如第 8.4 小节所述。

8.1 定制 BIAN BOM

为了用作统一信息参考框架,银行可以决定使用 BIAN 提供的 BIAN BOM 基础版本,或者银行可以创建定制版本,我们将这个定制版本称为银行 BOM。

---

86 控制记录被描述为一个层次模型,它从服务域的角度描述信息需求,服务域 BOM 包含同样的信息。但有两个重要的区别:第一,服务域 BOM 是一个实体关系模型;第二,服务域 BOM 从 BIAN BOM 的角度来看问题。

定制 BOM

银行可以决定根据自己的具体情况定制 BOM，这项工作的步骤与第 4.2 节"BIAN 的定制"中描述的相同，事实上，BOM 的定制应该是 BIAN 架构整体定制中的一部分。

正如前文提到的，管理与 BIAN BOM 基础版本的关系非常重要，以便跟上 BIAN 的版本更新并与使用通用 BIAN 标准语言的合作伙伴进行沟通。

将业务对象的名称和属性更改为银行中使用的术语似乎是最简单的措施，但由于银行中可能有很多语言社区，为什么不保留 BIAN 的术语并为每个语言社区提供一个词典？

但无论如何，应管理与原始名称的链接。

定制模型包括以下步骤：

- 选择。
- 定制。

选择意味着只保留那些与银行相关的业务对象，或者消除那些与银行无关的业务对象。

这可以从两个角度来完成，它们实际上是互补的，应该同时应用，因为彼此可以相互检查一致性。

第一个角度是从 BIAN 服务图景开始，通过消除不相关的服务域，相应的服务域 BOM 也将被消除，从而也就消除了相应的业务对象。由此产出的 BOM 要检查 BOM 的一致性和完整性。

第二个角度是从 BIAN BOM 出发，剔除与银行无关的业务对象，每个剩余的业务对象应在至少一个剩余的服务域中进行管理和使用，而且每个服务域的服务域 BOM 仍应完整。

定制也可以从这两个角度进行。

它与服务域定制携手并进，如果服务域合并或拆分，相应的服务域 BOM 也需要合并或拆分。这可能需要对所涉及的业务对象进行泛化合并、特化[87]或分

---

[87] 例如，一个参与方被特化为一个人或一个组织。

解[88]拆分,新的服务域需要新的业务对象,参见4.2节中示例,其中创建了一个新的业务对象"定期委托"。

从信息视角出发,可以在BIAN BOM中添加、泛化或特化一个业务对象,还需要一个服务域来管理和使用这些业务对象。

扩充描述并细化模型

业务对象和属性的定义可以变得更加清晰和精确,同时可以改变或扩展允许的值。

BIAN BOM中的业务对象可以相当抽象,也可以更加细化。属性可以是通用的或特定的,可以有几个属性,也可以是整个范围区间。鉴于其普遍适用性,BIAN BOM永远不会详细阐述单个银行信息需求的全部细节。

银行可以特化或分解业务对象,并根据需要添加属性,更多细节来源可以是其他数据模型或消息标准。

这类似于细化语义层API端点描述,如第9.3.2小节所述,或者更好的做法是,它早于语义层API端点详细的规格化描述,因为端点规格参考了控制记录和服务域BOM。

没有必要预先做完所有这些工作,银行BOM不需要完全定制和属性化,其结构已经在探索和结构化信息和数据图景方面提供了主要的附加值。银行的BOM可以一步一步地细化,每一步对一个特定领域进行详细分析和细化,参见第8.4节。BIAN BOM基于模式的结构确保其稳定性,因此,可以进一步详细阐述,添加新的领域,而不会破坏结构。

服务域的控制记录是服务域BOM的来源,因此也是BIAN BOM的来源。如第2.5节所述,控制记录的行为限定符可以分解为子限定符甚至更详细的内容,这是通过细化服务域的行为来完成的。这也是一种细化BOM,并规格化系统信息需求的方法,如第8.4节所述。

---

[88] 例如,参与方业务对象通过拆分为"参与方证书""参与方概述""参与方位置"来进行详细说明。

8.2 BIAN BOM 用于信息和数据架构

8.2.1 信息和数据图景的参考框架

BIAN BOM（或银行的定制版本）是探索信息和数据图景的参考框架，它有助于概览可用信息资产，还有助于对信息和数据图景的评估和修正。

信息在不同的流程、部门中生成和使用，这些业务图景元素中的每一个都可以是一个单独的语言社区，即可以使用不同的术语来处理相同的信息。

BOM 模型可以帮助解决这种语言混乱，每个流程和组织单位中管理和使用的所有信息都可以用相应的业务对象进行标记。这些标签链接到流程或组织单位，就提供了一种通用语言和地图来跟踪信息使用情况，并检测可能的信息源重复。因此，业务图景元素被打上了业务对象和服务域标记，如第 6.1.3 小节所述。

银行也可以分配标签给数据图景，每个逻辑数据存储[89]都用它实现的业务对象进行索引，由于数据存储与应用使用情况通过配置信息相关联。因此用业务对象标记的数据图景也与由服务域标记的应用图景相关联。

第 8.2.2 小节中图 8-1 中的信息实现视图，可以跟踪每个业务对象通过业务信息图景、数据图景和技术图景的踪迹。

这种映射可以也应该在不同的抽象级别上完成。出于概览目的，应选择一个抽象级别，以产生与服务域数量相当的可管理的业务对象（组）。如果需要，可以进行更详细的映射，甚至映射到属性级也有可能。

银行的 BOM 可以详细到规范信息模型[90]的级别，从而能够翻译 BOM 中捕获的部分业务术语。它成为业务词典的一部分，使不同的语言社区能够进行交流。

---

[89] 数据存储是一个比数据库更通用的概念，可以使用任何用于存储和检索的介质和任何方法来存储和检索数据，"逻辑数据存储"这一表述强调了这样一个事实，重要的不是物理数据库分隔，而是存储和检索数据的逻辑单元。

[90] 一种用于在不同的语言社区之间进行通信的信息模型，这是它们看待信息的"超集"。每一种对现实的看法，都可以有自己的模型结构，自己的命名、定义和符号。规范模型用于将一个视图转换为另一个视图，并涵盖与组织相关的所有现实。

它还可以在规范数据模型[91]中进行细化，该模型可以用作系统之间通信和数据集成的通用语言。

BIAN BOM 模型提供的参考框架还可以探索和映射数据流转。

数据经常需要在数据存储之间复制，银行很快就会失去对哪些数据来自哪些来源、通过哪些中间步骤（数据线）的概览。数据流转，即数据存储之间的数据流，也可以映射到 BOM 的业务对象上。

8.2.2 评估和改进数据图景

BIAN 提供的信息和数据参考框架或银行特有的银行 BOM 提供了信息和数据图景的概览，这赋予了信息和数据架构师评估图景以及寻找信息相关问题根因的能力，并允许他们界定需要缓解问题的领域。

图 8-1 描绘了一个数据图景，那些有后缀"LDS"或逻辑数据存储的图标，根据 BOM（顶部灰色背景）进行了很好的组织。中间的信息图景与 BOM 完全对应。

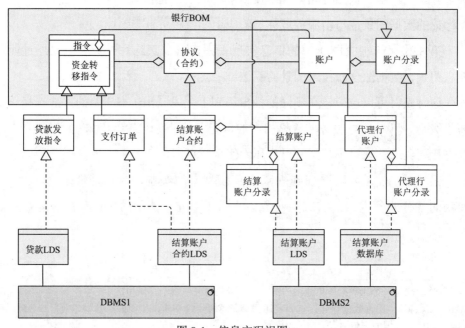

图 8-1　信息实现视图

91　一种数据模型，用于在不同的数据模型之间进行通信和集成，它是一个"超集"，是规范信息模型的数据等效物。

最有可能的是，可以发现信息重复和差距[92]，架构师随后将评估这些是否是真的问题。

> 在引入企业架构能力时，M5银行集团在BIAN BOM上对其数据资产进行了高阶映射。
>
> 映射表明每家银行和许多业务部门都有自己的货币、股票和债券数据存储，这并不为奇，因为这种主数据对于每个应用平台都是必需的。然而还发现，这些信息是在市场上为每个数据存储单独购买的。信息图景（业务如何管理信息）的改进可以节省大量成本，在集团层面设立一个小型市场数据部门，并在集团内重新协商货币、股票和债券信息的合同，这些信息被购买一次，并存储在每家银行的数据存储中。节省的成本提供了可观的预算，可以投资于其他的架构尝试。
>
> 同样的活动揭示了许多员工招聘流程的存在，每个流程都会产生存储在不同数据存储中的员工协议。事实证明这不是问题，因为员工协议实例不存在重叠，因此不存在信息不一致的风险。
>
> 然而，集团内一家银行的数据状况堪称灾难，在许多业务流程中不协调地生成参与方信息，并在许多数据存储中重复这些信息，这是客户投诉和纠错成本的持续来源，图8-2中左侧的虚线描绘了BOM业务对象的映射。它需要在信息和数据图景层面都进行优化，但是，一系列软件包中存在的不一致重复和本地更新结算账户数据所导致的问题达到了另一个数量级，图8-2中右侧的虚线描绘了BOM业务对象的映射。监管机构认为这是不可接受的，因为该信息被归类为最高质量和风险类别。

---

[92] 在业务层面上可用，却发现找不到可供应用利用的数据存储的信息。或者是在一种技术上的数据存储，它既不能被充分利用，也不安全，例如Excel文件。

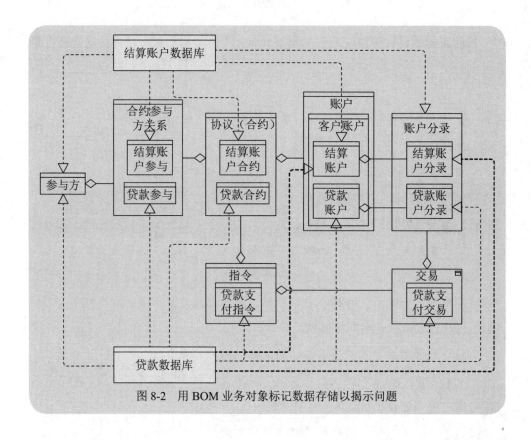

图 8-2 用 BOM 业务对象标记数据存储以揭示问题

"落盘数据"和"流转数据"的映射支持解开数据图景的缠绕,其包括什么信息存储在哪里,从哪里移动到哪里再到哪里。它支持对受管数据存储和数据集成架构[93]的细化和迁移。

例如,对于每个业务对象实例,可以分配一个记录型系统数据存储[94],它是权威的信息来源,其他数据存储需要成为副本,通过适当的数据集成架构接收来自记录型系统的副本,图 8-3 重复了图 7-2 中提到的"数据集成"。"参与方逻辑数据存储"被指定为记录型系统,"抽取参与方数据"应用服务实现将该数据传播到 CRM 数据库的数据流。

---

93 数据集成是确保数据在需要的应用图景中可用且具有所需质量的艺术。
94 数据存储是指定数据集的权威来源。

8 BIAN用于信息和数据

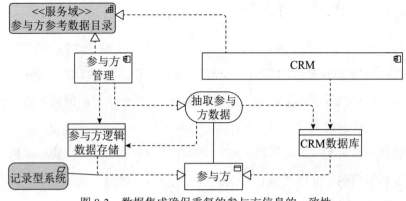

图 8-3 数据集成确保重复的参与方信息的一致性

8.2.3 商业智能 BI 环境辅助

BI 环境或商业智能环境是企业数据环境的一个相当老式的名称，它提供对企业可用的所有数据，包括历史概览的灵活、不可预测的访问。

BIAN BOM 或银行的定制版本可以在规范数据模型中被细化，该模型支持来自不同来源、属于不同语言社区，以及表现和内容随时间变化的数据的可导航性。

业务对象标签提供的数据图景概览，使数据架构师能够基于 BI 目的选择适当的数据源（记录型系统，而不是副本），并促进转换、聚合和整合以供 BI 环境所需。

BI 环境的数据源自操作型系统，每个系统对数据都有自己的视图，不仅仅是命名差异，还有格式、取值范围、属性集合、实体结构、质量级别等方面的差异，它们并不总是完全可翻译的。显然，BIAN BOM 作为规范数据模型的结构，并不能提供所有答案，尽管如此，它的确还提供了稳定的结构和通用语言，可用于理解所有数据源，并塑造出一种可以支持在这些来自于不同数据源的数据上进行导航的结构。

8.2.4 BOM 用于信息分类

BIAN BOM 模型提供银行信息资产的整体视图，信息图景上跟 BOM 的映射提供了信息使用和存储的概览。根据信息资产的运营重要性及其对银行战略的贡献，为信息资产分配战略价值和风险等级，该分类被传递到包含此信息的数据存储[95]。

---

95 信息分类是企业信息架构治理的一个方面。

8.2.5 与数据技术的链接

信息和数据图景映射在 BIAN BOM 或其定制版银行 BOM 上,配置信息将数据和通信技术链接到数据存储和数据流上,这有利于创建"信息实现视角",如图 8-1 所示。

银行可以借此发现不足,同时更轻松地将一个平台上可用的技术机会与其他平台上的需求联系起来。

数据技术投资和变更的积极影响,可以与从中受益的业务功能和信息资产联系起来。它们继承了业务和信息的战略地位、价值、风险、质量和安全要求,并改善了数据技术投资在企业投资和变更组合中的集成。

8.3 信息和数据投资与变更组合的业务用例

信息和数据图景蒙盖在基于 BIAN 的信息通用参考框架上,即 BIAN BOM 或银行定制的 BOM 上,可以通过相同的映射,借助应用平台来追踪数据流。

这有助于检测问题,例如重复和差距,还有助于对信息质量问题进行根因分析,并澄清其他风险,以确定每项信息资产的战略价值和风险。

这种输入使信息和数据架构师能够定义投资和变更建议,例如购买定性信息、消除重复信息、改进质量控制、实现信息开放等,从而缓解企业信息和数据环境的问题,并使其面向未来。

这些建议可以使用相同的基于 BIAN 的信息参考框架来表达,它们的业务用例由信息的价值和风险及信息对业务和应用图景的积极影响来提供。

8.4 BIAN 用于系统级的信息和数据

一个系统的信息模型以结构化的方式表达该系统的信息需求。

如果系统开发方法充分地利用了 BIAN,从两个互补的角度可以确保高质量的信息需求。

系统需求被结构化为一组服务域的协同,如第 6.3.2 小节中所示,其信息模型可以通过整合服务域 BOM 来组装。

8 BIAN用于信息和数据

这种途径产生了一个初稿，应该会受到传统的信息需求收集方法的挑战，例如采访用户、查看报告等。BIAN 和 BIAN BOM 或银行 BOM 使用的业务对象建模方法，支持创建定性的信息模型，非常适合于银行 BOM，并有助于规范信息模型的细化。

在一个充分利用 BIAN 的信息和数据环境中，哪些信息已经可以作为可用数据变得清晰可见，应用和数据架构师可以在现有的应用服务和数据存储中植入新系统。

作为 M5 银行集团集团协同新战略的成果，支付集团服务被创建。该集团服务的高阶界定表示为一组服务域的协同，该系统的高阶信息模型根据服务域 BOM 整合在一起，如图 8-4 所示。在详细的信息需求分析过程中，根据与支付执行服务域的首选消息标准 (ISO 20022) 的比较，开发了该模型，并按照 BIAN BOM 内容模式和结构模式进行了详细说明。

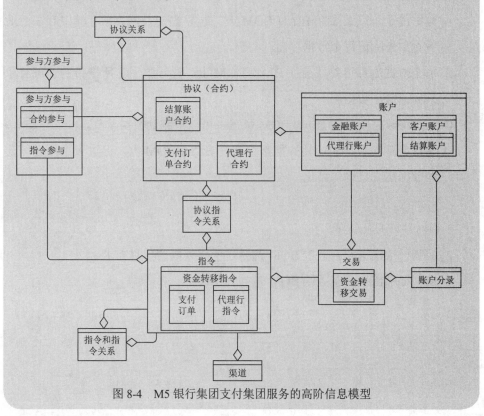

图 8-4 M5 银行集团支付集团服务的高阶信息模型

8.5 自我测试

1. 以下哪项陈述是不正确的？

A. 银行不能自定义 BIAN BOM，否则可能会违反 BOM 模式并失去与服务域的一致性。

B. 只要遵守 BOM 模式，就可以将 BIAN BOM 或银行 BOM 细化，用作规范数据模型。

C. 如果一个系统的范围用服务域表示，那么服务域 BOM 的整合可以用作收集信息需求的起点。

D. 可以使用 BIAN BOM 模型来获得一个关于哪个业务实体使用什么信息的概览。

2. 哪些说法正确地描述了 BIAN BOM 支持数据架构的方式？

A. 数据图景可以蒙盖在 BIAN BOM 上，这导致使用该数据存储中存在的业务对象来标记每个数据存储。

B. 每个数据流都可以蒙盖在 BIAN BOM 上，这导致用它所携带的业务对象来标记每个数据流。

C. 通过将数据图景与 BIAN BOM 蒙盖，可以检测到数据重复。

D. 通过将落盘数据和流转数据都叠加在 BIAN BOM 上，促进一个满足需要的数据集成架构的精化。

3. 哪种说法是正确的？

A. 控制记录模型和服务域 BOM 都描述了服务域的信息需求。

B. 控制记录模型和服务域 BOM 是同一个模型。

9 BIAN 用于互操作性

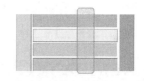

敏捷性和通过重用降低成本，不再是追求良好设计的组件间互操作性架构的唯一驱动因素[96]。互操作性挑战不再受限于银行及其传统合作伙伴（如代理行），金融业正在掀起一场金融服务革命，将以不断发展的方式连接消费者、银行、合作伙伴和第三方。这是一场从开放 API 开始、由监管（如欧盟 PSD2 指令、Plias 2020）驱动的革命，并自然演变为银行更广泛参与的开放金融生态系统。

BIAN 标准框架旨在支持金融机构进行这种范式的变革。

在 9.1 节中，我们会突出展示 BIAN 作为组织服务目录参考框架的角色。

在 9.2 节中，我们重点关注应用服务图景的管理。当开发人员拥有可供使用的服务目录时，这会变得更加容易，他们可以在一个目录中轻松地找到所有应用服务，这些服务可用于银行内部以及与合作伙伴和其他利益相关方互操作的开放 API 环境中。架构师可以使用此应用服务目录，作为指导开发人员使用应用服务及其 API 的工具。

应用服务图景可以蒙盖在 BIAN 参考框架上，支持架构师评估该图景，以定义改进和确定改进的优先级。这个通用的参考框架促进了战略目标和需求同变更组合管理的链接。

BIAN 还支持服务的界定和开放 API 的设计，如第 9.3 节所述。

本章将讨论应用服务，而不是业务服务。

应用服务及其 API 提供了功能构建块和信息构建块，这是与任何金融机构都相关的应用服务类型，因此，BIAN 会在此发挥作用。

我们不去讨论如何编排构建块以提供用户功能，那是每个金融机构都会开发

---

[96] 从基于组件到面向服务再到容器化微服务，从直连核心到包装主机再到分布式架构，参见第 4.6 节 "BIAN 和应用架构风格"。

其各自能力的领域。

9.1 BIAN 作为组织应用服务组合的参考框架

9.1.1 服务域/服务操作参考框架

对于想要将速度与质量以及面向未来的灵活性结合起来的系统开发组织来说，清晰、完整且可有效访问的可用应用服务概览是必不可少的。如果需要在开放 API 环境中向其他组织提供 API，则更是如此，必须有一个以通用语言表达、根据通用参考框架组织和访问的应用服务目录。

BIAN 服务图景提供了与任何金融机构都相关的、相互独立、完全穷尽的基本服务中心集合，它们在银行中的界定和角色是独立于实现的，并且随着时间的推移保持稳定。这些服务中心，即每个 BIAN 服务域都有其特定的服务操作，它们界定了稳定且基本的服务。其结果是，作为所有服务域及其所有服务操作总和的 BIAN 服务图景，提供了涵盖所有非常基本的银行服务的概览，这些基本服务可以支持金融机构内部和/或与开放 API 经济中其客户、合作伙伴及其他参与者之间所需的所有交互。

如第 4.2 节所述，银行可以在 BIAN 服务图景及服务域上创建银行自己的视图，银行定制版本到 BIAN 基础版本的链接需要进行一致性管理，以加强其作为开放 API 经济利益相关方之间共同语言的价值。

无论是基础版还是定制版，基于 BIAN 的参考框架都可以很好地组织应用服务目录，每个现有的应用服务都可以表示为一个或多个服务域的一个或多个服务操作的实现，每个应用服务都可以基于服务域（第一级）和其实现的服务操作（第二级）进行索引。

因此，用于蒙盖应用图景的服务域参考框架升级为服务域和服务操作参考框架，以蒙盖应用服务图景[97]。

---

97 现有的应用及其提供的应用服务，以及应用服务之间的"嵌套"关系。

9.1.2 组织应用服务目录

为了结构化应用服务目录,服务域是入口第一级,在服务域描述中将其业务角色描述为服务中心。一个寻找可用应用服务的应用架构师或系统设计者应该了解系统的功能,并能够定位到可以提供相关服务的服务域。

在每个服务域内,服务操作提供第二级搜索级别。

这个主题的变化是可能的,服务操作组或动作术语组参见 2.7.1 小节,可以用作中间甚至最低级别索引。与定义服务操作的动作术语不同的是,分组对于服务域没有区别,但它们提供了更粗粒度却更直观的搜索途径。

服务域和服务操作作为应用服务目录提供了一个普遍有效的结构,可以在银行内的组织之间以及与合作伙伴共享。银行可能会选择对属于某个业务领域的 API 进行分组,并将其作为搜索和治理结构[98]的入口。银行还将更高的组织级别添加到目录中,例如,可能是定制的业务领域或业务域访问路径。

在第 8.2.1 小节中,我们解释了如何使用 BIAN BOM 或银行定制的 BOM 来标记数据流,该索引表示了带有"通知"或"检索"动作术语服务的信息内容,应用服务被归类为信息服务,用作信息索引的 BOM 业务对象是对应用服务目录索引的有益补充。

银行内可用的以及对银行可用的应用服务可以映射到多个服务操作,它们可以映射到不同服务域的服务操作。这可能是一个合理的设计决策,也可能不是,无论是否,都需要架构师做出评估。

M5 银行集团在集团级别创建了应用服务目录,作为企业架构能力的首批举措之一。由于该集团采用 BIAN 作为通用参考架构,并根据集团的需求对其进行了定制,因此该集团不必再考虑基于参考框架组织该目录。

架构仓库作为利用此目录的工具,提供服务域、服务组和服务操作以及

---

[98] 如第 7.1.4 节所述,应用服务组合的治理可能需要采用分而治之的方法,也可以根据定制的业务领域和业务域结构来组织。

下一级业务对象的索引。

Homeland 平台上可用的参与方参考数据，由"查询参与方数据"和"抽取参与方数据"应用服务提供，如图 9-1 所示。

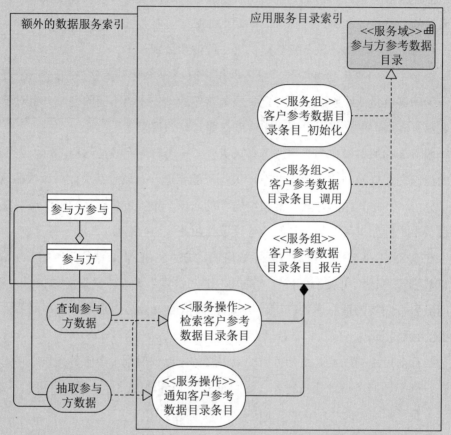

图 9-1 服务域和服务操作参考框架方便了 M5 集团的应用服务目录搜索

交互式的"查询参与方数据"应用服务提供有关个体或有限群体的信息，具体是哪些参与方信息，取决于服务用户的访问权限。例如，客户只能请求有关他/她自己及其拥有授权书的他方的信息。"抽取参与方数据"应用服务提供了包含广泛参与方范围的文件，可以以通知模式使用，定期将文件推送给订阅者，也能以检索模式使用，仅限那些受到隐私约束和订阅者/请求者所感兴趣的参与方。

由于这些服务是信息服务，因此它们也按业务对象进行索引。

9.2 BIAN 支持的应用服务图景管理

应用服务图景不仅仅是可供开发者使用的应用服务的集合，它还包含服务提供方（提供服务的应用组件）及其相互关系，即应用服务通常是嵌套的关系，一个服务使用另一个服务，另一个服务又使用下一个服务等。

不要将应用服务图景与 BIAN 服务图景混淆，BIAN 服务图景是 BIAN 服务域集合的表示。

银行的应用服务图景关注银行自己开发的、供内部使用或开放使用的应用服务和它们的 API，以及与银行交互的其他组织提供的应用服务 API。它应该包含由银行架构师批准的来自第三方的可用开放 API。

精心设计的应用服务图景为银行提供了数字化和数字化转型举措急需的"构建块盒子"。

9.2.1 指导应用服务的使用

对于负责管理银行应用服务图景的架构师来说，组织良好的应用服务目录是一个重要的工具。

它促进了 API 组合的跟进和评估，如果每个服务都映射到相同的参考框架上，架构师便可以更轻松地识别候选项，进行关键比较和评估，例如，识别不合理划分的服务或可能重复的服务。

架构师可以将他们对服务使用的评估和建议添加到目录中，例如，"标准的""仅在 xyz 平台上使用的""将废弃的"。

映射到应用组件但没有可用的应用服务的服务域，可能预示了应用服务组合存在的差距，架构师可以考虑外部化此类服务的可能性，如第 7.1.6 小节所述。

服务目录支持并指导应用设计者和开发者重用可用的构建块。BIAN 索引 [99] 有效地引导他们识别候选应用服务，由每个服务的"服务域/服务操作索引"描

---

[99] 服务域、服务操作、可能的业务对象。

述的功能,有助于首先淘汰一些候选者,架构师添加的说明和评论可以进一步缩小选择范围。

显然,这是选择合适的应用服务的必要条件,但不是充分条件。为了选择最佳匹配,还需要记录支持的非功能性需求,例如交互类型、可用的安全措施,以及将用于实现应用服务的技术等。

除了服务的语义层定义之外,BIAN没有就应用服务目录中应提供哪些信息做出其他声明要求。

9.2.2 评估和改进应用服务图景

将银行的应用服务图景蒙盖在BIAN的服务域和服务操作上,为评估及定义银行应用服务图景的变更及确定其优先级提供了管理工具。如第5.3节所提到的,BIAN提供的通用参考框架可用于记录战略定位、需求和评估。这些需求和评估,可能与功能性及非功能性考虑,如安全性、开放性、可扩展性、交互性等因素相关。

服务域的战略定位和需求,作为应用服务图景制定和改进的优先考虑输入。例如,如果银行战略要求在开放API经济中与合作伙伴进行交互,那么就应该将注意力转向交互领域:可用的服务堆栈可能需要升级,例如细化颗粒度或增强安全性,以更好地适应数字化的要求;需要提供开放的API,并且开始寻找嵌入合作伙伴服务的最佳方式。

图9-2呈现了一张可能由BIAN会员制作的API覆盖范围的热力图,颜色代表API的可用性水平,而另一个热力图代表了API可用性的紧迫和重要程度,这将向管理层发出关于工程建议优先次序的明确信息。

9 BIAN用于互操作性

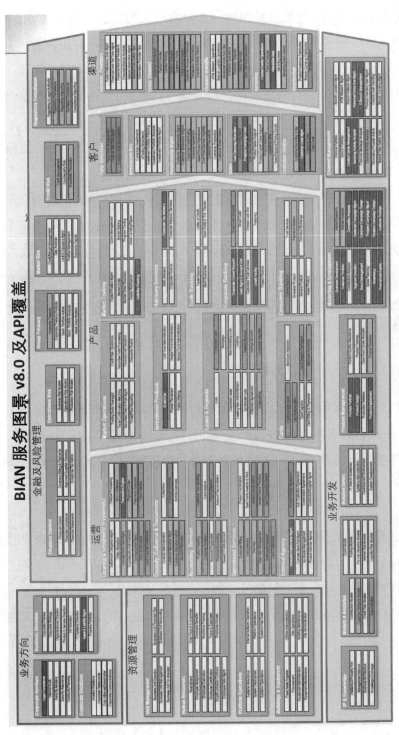

图 9-2 BIAN 服务图景上的 API 覆盖度热力图[100,101]

---

100 参考附录文献：Plias 2020。
101 对于服务域名称不可读的事实，我们深表歉意。该图的目的是说明服务图景管理和沟通应用服务图景质量的能力，有关此图的在线版本，请参阅 Van Haren 官网本书页面并免费下载。

服务域和服务操作参考框架为银行提供了面向未来的基本应用服务界定，同时也作为指导基本应用服务界定的参考架构，我们将在第 9.3 节中进一步讨论。

受 BIAN 启发的各 API 是一种重要的"润滑剂"，为应用图景提供了稳定性和敏捷性。

BIAN 启发下的各 API 在银行内部系统之间以及与合作伙伴之间，提供通用的通信语言，可用于规格化 ESB 服务目录[102]。

BIAN 启发下的各 API 可以包装遗留系统及供应商软件，从而延长这些投资的寿命，还可以确保其可替换性。在语义 API 端点中细化的 BIAN 服务操作可以被视为用于应用服务及其 API 的高阶规格说明，与这些规范相对应的两种软件实现，可能在细节上有所不同，但应该可以在 BIAN 的服务操作上一致地映射信息交换和主要功能。如果服务用户想要在服务提供商之间切换，应该仅限在服务交换的附近做中断调整。

9.2.3 变更和迁移应用服务图景

基于 BIAN 的参考架构对应用服务组合的重新创新，可以根据优先级逐个服务地进行，并且不会对应用组合造成重大干扰。服务可以共存，旧的服务可以与新的基本服务一起继续运行，这使得服务用户能够逐渐迁移到新的产品组合。

图 9-3 证言展现了 BIAN 架构在应用服务图景构建和变更排序方面的强大能力。目前，有一个单体式的卡账户数据服务，其中包含从太多应用收集的过多信息，这不能提供数字化环境所需的机动性。为了确保将单体服务定性分解为基本应用服务，可以将单体覆盖在 BIAN 的服务域上，并根据银行的 API 优先级确定基本服务实施的先后顺序。

---

102 确保应用之间透明的服务交换的系统。

> AccountInfo是一种卡账户"服务"，为各种账户信息应用提供接口。

> 我们正在从单体的卡账户服务迁移到更小、更具战略意义的微服务集。

> 为了确保规划的微服务持久且数据重叠/重复最少，我们使用"服务域"将AccountInfo数据字段分类到不同的槽中。

> 这种分类将帮助我们确定计划交付的第一组微服务API中可用的最有价值的字段集。

DMB 服务域	字段统计	说明
头寸簿记	47	余额、可用信用、超限额、历史财务未偿付等
参与方数据管理	34	姓名 / 地址 / 语言
销售产品协议	33	TL、Opt、特性集等
卡账单和支付	15	最低还款、周期代码、对账单持有码、支付历史记录、PDD 目标
卡授权	11	状态、冻结、激活
发放设备管理	10	ANR、关联账户、过期日期
客户信用评级	9	机关、高余额、风险代码等

图 9-3　证言：对面向未来的 API 的开发进行界定和优先排序 [103]

在变更组合管理（5.3.4 小节提到）和银行的应用服务图景管理共享服务域 / 服务操作参考框架，可以促进对任何变革倡议的影响分析。由于项目和项目群的范围以及应用服务图景的变化都涉及服务域，因此双向交流变得更加容易。变革倡议可以投射到应用服务图景中，并且对银行应用服务图景的任何必要更改都可以分配给项目 / 项目群。

服务非常适合作为应用迁移策略中的"润滑剂"，设计良好的服务可以隐藏对提供服务和信息的系统的更改。升级系统或切换到全新的服务提供系统是可能的，而且影响有限。BIAN 的服务域规格提供了一个蓝图，用于在稳定的服务边界后面封装和重新利用遗留功能。这使得银行能够通过提供一组标准服务来合理化对功能和信息的访问，同时在包装器后面替换或修复遗留应用，并使银行在迁移过程中免受干扰。

> M4 银行是 M5 集团的创始成员，在可靠的应用架构实践方面拥有悠久的历史，它是最早采用基于组件架构的公司之一，每个数据库实际上都是一个企业数据库，其原则是"一

103　BIAN Architecture Working Group，2017b.

个属性只管理一次"。一开始，所有应用都可以直接读取这些数据库，很快，应用服务被开发出来，封装了系统和数据库访问。在引入 M5 集团级别的应用服务目录时，使用服务域/服务操作参考框架对其进行组织，M4 银行的大部分应用服务都与该参考框架完美匹配，参见图 9-1 和图 9-5。

参与方参考数据系统是最受欢迎的服务提供者之一。该银行开始增加产品种类并瞄准对公客户后，却发现其业务能力滞后，在功能和技术层面都需要进行重大升级。为了避免"大爆炸"式冲击对服务用户隐藏系统和数据库的更改，该银行开发了一组新的应用服务，其中包括新功能，但仍然使用旧数据库，新服务用户已经开始使用该应用服务的最终版本。那些仍然依赖直接访问的应用，可以通过使用这些新服务开始迁移。新系统完成后，旧的和新的服务堆栈都将转换到新数据库，在有限的迁移时间内，旧的服务用户转换到新的服务栈。这项工作不是无成本的，但主要是技术方面的调整，对业务逻辑的影响几乎为零。

9.3 BIAN 用于面向未来的 API

对于有机动性的应用架构而言，基于松散耦合和封装来界定组件并定义其服务，一直是应用架构师面临的首要挑战。这当然不是一个小挑战，从第一个直连核心[104]的、基于组件的架构，到松散耦合的、基于云的、容器化的微服务架构，只有在语义业务层级上充分定义和界定清楚组件和服务时，技术投资才会变得有益，支持金融机构应对这一挑战是 BIAN 的首要使命。

本节将讨论应用服务及其从应用组件暴露功能和数据的 API，不涉及那些向合作伙伴或最终用户暴露编排产生的功能 API，前者 API 为后者 API 提供了所需的敏捷性。

BIAN 的语义层 API 计划支持银行的应用服务架构，包括从架构到设计甚至到开发。

---

104 见第 7.5 节。

BIAN 可被用作参考架构，指导银行的应用服务图景。服务域（群）定义了提供应用服务的组件的界限，服务操作（组）界定了应用服务的功能。

BIAN 的语义层 API 扩展了服务操作规范的细节，到了一个可被视为应用服务和 API 的高阶设计的水平。

BIAN 的 API 门户提供对 BIAN API 沙箱平台的访问，该平台包含语义层 API 目录，它提供了可用的语义层 API 概览。对于每个服务域，提供了一系列语义层 API 端点，表示为 RESTful API 规范形式。

根据这些规范生成的 Swagger 文件，可以提供一个 JSON 代码存根，开发人员可以将其用作实际 JSON 规范的起点。

语义 API 计划开发了一种划分 API 的方法，银行可以使用它来改进 BIAN API 门户上提供的 API 或定义自己的 API 目录。

该方法包括以下步骤，如果有 BIAN 提供的语义层 API，则不需要括号中的步骤，如果还没有，银行可以自行应用这些步骤。

- 划分服务中心和服务，确定（开放）API 的优先级。
  - 使用连线图确定服务中心范围并找到企业边界；
  - 使用业务场景定义各服务操作及它们的 API 的业务上下文。
- 精化 API 规范。
  - （将动作术语转换为 http 动词，然后到名词）；
  - （基于信息概要和控制记录分解、细化服务操作功能和 API 内容）；
  - 基于业务对象模型细化信息交换；
  - 基于消息标准丰富信息交换。

9.3.1 划定服务中心和服务

连线图显示了相关服务域集合之间的可用服务连接[105]，连线图派生自一组业务场景，并用来导航可比较的服务域集合。连线图很像城市地图，显示了服务域之间可能的服务连接路径，业务场景就是穿越这张地图的一个可能的旅程，业务

---

[105] 一个服务域可以使用另一个服务域提供的多种服务，例如，请求执行特定操作或简单地检索信息。

场景将使用其特定的服务连接路径,并为每个服务连接提供特定的业务用途。每个业务场景通过连线图描述的"市区"的路线会有所不同,但多个业务场景将共享单个服务连接的相同业务用途。

因此,BIAN连线图是界定服务中心和定义服务的绝佳工具,业务场景的收集可能永远不会完整,因为并非银行的所有活动都会被记录下来,新的业务场景也会涌入进来。然而,如果连线图基于代表性样本[106],则它将成为服务中心和服务界定的可靠基础。

第7章给出了连线图和业务场景如何支持应用界定和服务定义的示例。

业务场景为在连线图上检测到的服务交换提供业务上下文,每个业务场景描述了调用方服务域和提供方服务域之间交换的关键业务信息,这些交换链接到提供服务域的服务操作。

图9-4揭示了需要通过API交换的语义层业务信息内容。

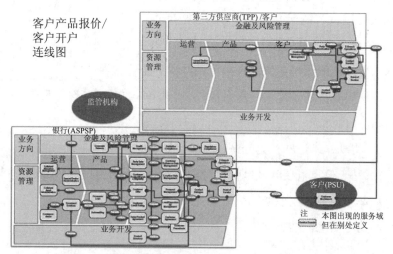

图9-4　业务场景为服务交换提供业务上下文和信息内容

由于BIAN主要关注语义层,因此没有定义交互服务域的非功能性需求,此外,交互风格和安全性等非功能性需求,在大多数情况下取决于各个银行的具体情况和选择。

106　为了定义应用服务,连线图需要基于尽可能多的、不同目的的业务场景来综合归纳,这将概述服务域需要提供的不同类型的服务。不同的类型基于内容,但也基于非功能性需求。例如交互性和容量,应用服务应该是一对多,而不是针对单个服务用户的自定义大小,但它应该根据功能需求和非功能需求考虑提供几种适当尺寸。

非功能性需求的差异可能需要不同的 API 实现，因此银行详尽阐述它们非常重要，银行可以使用连线图和业务场景来做到这一点。

9.3.2 精化 API 规范

根据连线图及其业务场景，银行突出显示了作为应用服务实现的候选服务连接，这些服务连接链接到实现它们的服务操作。

BIAN 的 API 门户为越来越多的服务操作提供了语义层 API 端点。

银行可以将上述 API 端点作为自身的应用服务和 API 规范的起点，从语义 API 生成的 Swagger 文件可以被用作代码存根。

银行的 API 不需要像语义层 API 端点那样精细，最低的 API 嵌套级别[107]粒度层级是银行架构师做出的选择。

如果尚无可用的语义层 API 端点，银行可以根据服务操作的动作术语和服务域的信息概要及控制记录模型，规格化自己的语义层 API 端点，如第 2.7 节所述。这涉及将动作术语转换为名词形式和 http 标准动词，并基于信息概要和控制记录分解来细化服务操作功能和 API 内容。

API 端点消息中描述的信息交换始终需要细化，因为 BIAN 仅提供了普遍适用（generally applicable）的基础属性。

BIAN BOM 或定制的银行 BOM 可用于丰富此信息体，由于银行的 BOM 将被丰富以详细的信息需求，如第 8.4 节所述，对于通用语言中的额外细节，它会是一个特别有用的来源。

还可以根据 IFX 或 ISO 20022 等消息标准来丰富信息内容，BIAN 正在为服务域分配一个参考标准，即服务域最大程度符合的标准。

Homeland 参与方参考数据服务与 BIAN 参考框架的契合度，不限于服务域和服务操作的级别。

可以使用参数（定义了哪个参与方实体）来调用"查询

---

[107] 如前所述，应用服务及其 API 是嵌套的，因为它们可以使用其他应用服务作为功能或数据提供构建块，并且它们本身就是潜在的功能/数据提供构建块。

参与方数据"服务,获得参与方数据模型。虽然没有完整的映射,但这些子服务的业务功能与语义层 API 端点规格有很大的相似性,如图 9-5 所示。"抽取参与方数据"应用服务在控制记录级别上提供,而"查询"应用服务允许服务用户选择行为限定符。

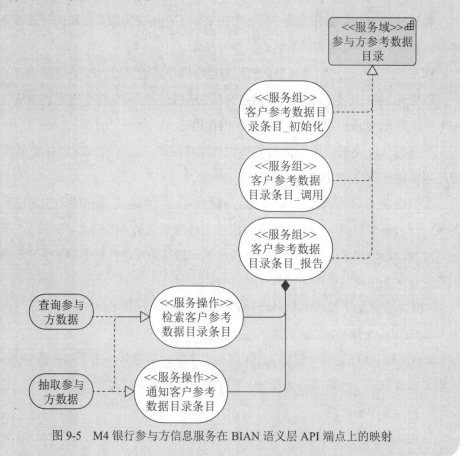

图 9-5　M4 银行参与方信息服务在 BIAN 语义层 API 端点上的映射

图 9-6 提供了一个 BIAN 的成员行如何使用 BIAN 的标准框架来支持 API 开发并管理其 API 产品组合的概览。内部 API 受 BIAN 启发,提供了一个稳定的通用语言层来包装银行的遗留系统,API 工具包使用银行的 BOM(基于 BIAN BOM 的规范数据模型)来填充信息交换内容。

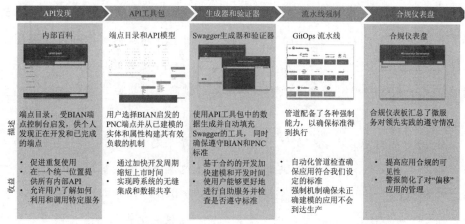

图 9-6 某银行基于 BIAN 的 API 开发和治理工具箱[108]

9.4 证言

银行软件提供商 Asseco SEE 的首席软件架构师亚历山大·米洛舍维奇（Aleksandar Milosevic）在 BIAN 书第一版中解释了与 BIAN 合作定义标准化 API 的商业优势。

使用标准接口来整合和现代化产品组合

作为通过收购成长起来的供应商，我们继承了丰富的应用集合，这些应用具有特定于应用的接口，具有相似范围的应用最终会拥有其特定的接口来承担基本相同的职责。我们的战略目标之一是缩短集成时间和成本，并随着时间的推移，在我们的产品组合中的不同应用之间，实现即插即用的互操作性。另一个目标是将任何应用或平台细节隐藏在接口后面，这样我们就可以逐步实现各个应用的现代化，而不会干扰其他应用。最后，我们的目标是让客户和合作伙伴更轻松地使用我们的接口。由于我们已经使用 BIAN 作为应用组合跟踪和优化的地图，因此我们决定进一步使用 BIAN，定义与 BIAN 标准一致的 A2A 接口，并淘汰旧的特定于应用的接口。

Asseco 参考了 REST API

我们组建了由领域专家组成的工作组，并授权他们标准化 Asseco SEE 银行

---

108 PNC Bank，2020。

应用的 REST API。定义一大组一致的 API 时，最大的挑战之一是对齐它们的职责和边界。通过我们使用 BIAN 的经验，我们了解到我们可以利用服务图景来进行 API 的功能分解，其中每个服务域都成为 API 定义的候选边界。有了明确的建立服务域的规则，就降低了边界不清的风险，并提高了我们工作组的生产力。

自 2016 年初以来，我们的工作组能够定义越来越多的 API，并且我们的许多产品团队以服务消费者和提供者的身份实施这些 API。在标准 API 上进行工作，对我们的开发组织产生了整体的影响，帮助拓宽了组织和应用筒仓之外的视角，API 及其与 BIAN 的对齐几乎是我们现今与银行进行的所有讨论中的热门话题。

9.5 自我测试

1. 哪些说法不正确？

A. 应用服务中心可以根据连线图和业务场景进行界定。

B. 业务场景为应用服务交互提供业务上下文。

C. 安全性和交互类型等非功能性需求是语义层 API 规范的一部分。

D. 将语义层 API 规范细化为应用服务的详细设计时，需要考虑安全性和交互类型等非功能性需求。

2. 哪些陈述没有正确地描述 BIAN 如何支持银行内部以及银行与合作伙伴之间的互操作性？

A. 语义 API 规范中描述的信息交换是有代表性的，但需要银行进行更详尽的细化。

B. 服务用户在进行与 BIAN 对齐的物理实现切换时，不需要对其编程逻辑进行任何更改。

C. 能工作的 RESTful API 的实现，可以直接从语义 API 规范生成。

D. 无论技术架构风格如何，基于 BIAN 的应用服务都有意义，因为它们提供稳定的组件和服务界定。

3. 哪些说法是正确的？
A. 应用服务目录应包含应用架构师批准的所有应用服务。
B. 应用服务目录应包括开放 API 经济中其他利益相关方提供的开放 API，只要它们得到架构师的批准。
C. 应用服务图景可以被蒙盖在服务域参考框架上，以揭示应用服务组合中的差距。
D. 基于 BIAN 的应用服务只有在开放的、基于 web 的环境中才有意义，当服务交换仅限于银行自己的应用平台时就没有意义了。

第三部分
BIAN 和其他标准

可以期待什么

本书的这一部分涉及以下两个主题。

第一,本书旨在提高管理层和架构师对提供企业级架构内容的 BIAN 等框架与提供开发和维护企业架构方法的 TOGAF 等框架之间的协同作用的认识。

第二,说明 BIAN 如何寻求与其他标准的合作,以便从现有经验、能力和内容中受益。

10 BIAN 和 TOGAF

本章描述了 BIAN 架构框架与 TOGAF® 架构开发方法（Architecture Development Method，ADM[109]）和框架之间的关系。

这两个框架是相辅相成的。BIAN 架构框架作为参考架构提供了通用参考框架和构建块，支持 TOGAF 方法论所设想的一致的企业级架构迭代开发。应用 TOGAF ADM 可以丰富 BIAN 架构，因为它的结果可以反馈给 BIAN 社区以扩展和丰富 BIAN 框架。

本章描述了如何在 ADM 的不同阶段使用 BIAN 交付物，以及它们与 TOGAF 的架构内容框架[110]和扩展指南[111]的关系。

本章中的图出自 The Open Group（2018）。

10.1 TOGAF 简介

本节重点介绍与 BIAN 相关的 TOGAF 概念，内容基于 TOGAF® 网站（The Open Group，2018）。

TOGAF ADM 描述了一种开发和管理企业架构生命周期的方法，它由一系列阶段组成（图 10-1）。

---

109 一种开发企业范围架构的迭代步骤序列。
110 一种架构工件模型，在遵循架构开发方法时，驱动创建的产出能保持更大的一致性（The Open Group，2018）。
111 一套概念和指南，在总体架构治理模型下，用于支持大型组织各团队开发和建立起整合的层次化架构（The Open Group，2018）。

10 BIAN和TOGAF

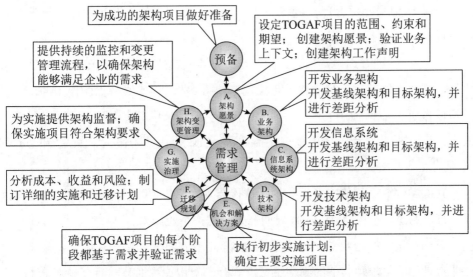

图 10-1 TOGAF ADM 各阶段

预备阶段涉及满足建立新企业架构业务指示所需的准备和启动活动。包括（企业）架构组织的定义，确定与其他框架的关系，例如项目/产品组合管理、系统开发。还包括选择和安装导入（企业）架构工具箱，其中有参考架构和标准、文档工具和指南。

阶段 A 架构愿景设定了架构工程的预期，包括定义其范围和勾勒出架构愿景，即预期架构的高阶视图。

这一愿景将在之后的**阶段 B 业务架构**、**阶段 C 信息系统架构**和**阶段 D 技术架构**三个阶段进一步详细阐述。这些阶段描述了基线架构，并在业务、应用、数据和技术架构领域详细阐述各目标架构。对于每个架构领域，描述了当前图景（基线）与目标图景之间的差距。

阶段 E 机会和解决方案，选择实现目标架构的解决方案，并详细阐明架构路线图，以交付目标架构，通常这会派生出一系列可持续交付业务价值的过渡架构。**阶段 F 迁移规划**，详细说明阶段 E 所设想的实施工程，并制定实际的项目计划。**阶段 G 实施治理**，代表在实施这些工程期间对设计和实施的架构监督。

需求管理是 ADM 循环的核心，确保所有架构工程充分了解所有经过验证的需求。

阶段 H 架构变更管理，确保企业架构与不断变化的企业需求和环境挑战保持一致。

TOGAF 详细阐述了架构模式的运用"是将构建块放入一种上下文中的方式，比如，描述可以解决一种问题的可重用解决方案"。构建块是你能使用的，而模式可以告诉你如何使用它们、何时使用、为什么使用，以及你必须做出怎样的权衡。模式与引导和支持构建架构所有的 ADM 阶段（阶段 A、B、C 和 D）都相关。

TOGAF ADM 原则上是迭代的，迭代会发生在一个阶段内，也可以在阶段之间。可以通过连续的 ADM 迭代周期开发和维护企业架构。

在一个典型的企业中，在任何时间点都会存在许多架构描述。一些架构会关注非常具体的需求，其他的则会更宽泛。有些架构关注细节，而有些则提供一个全景图。为了解决这种复杂性，TOGAF 标准使用**级别**和**企业连续体**的概念。这些概念与组织**架构仓库**中的实际内容密切相关。

图 10-2 描述了由 TOGAF 命名的级别。企业、切分和能力级别等同于附录 B.2 中所述的企业、领域和系统级别。引入一个新的 ADM 周期，可以将架构从粗粒度拉近，看到其更详细的级别，这是 TOGAF 方法中内置性迭代的另一个维度。

虽然 TOGAF 的级别是通过粗粒度与细节化（detailed）来表达抽象程度，**TOGAF 企业连续体**（图 10-3）却是通过普遍适用与组织特定（organization specific）以及概念（conceptual）层面与具化（concrete）层面进行抽象程度的表达。它提供了一种在这些坐标轴上对架构和解决方案工件进行分类的机制。

企业连续体（图 10-3）由位于概念层面的**架构连续体**和与现有解决方案相关的**解决方案连续体**组成。架构连续体指导解决方案连续体构建块的开发和选择。组织特定的架构/解决方案可以基于或利用与组织所属的行业相关的行业架构/解决方案，依次地，行业架构/解决方案则可以基于/利用与所有行业相关的通用系统架构/解决方案，而基础架构/解决方案则支撑着这一切。

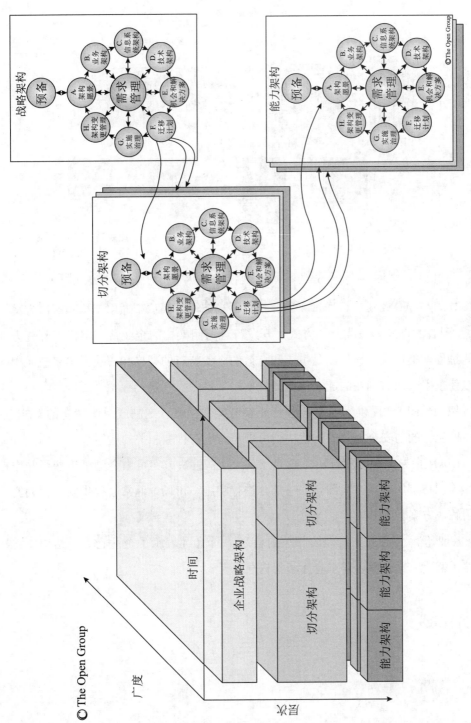

图 10-2 TOGAF 的"变焦"级别意味着一种详细阐述架构的迭代方法

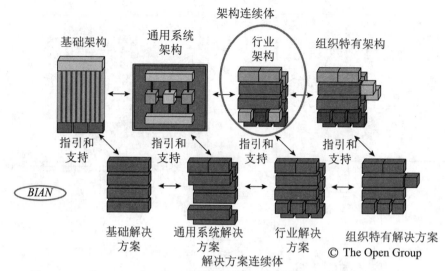

图 10-3　TOGAF 的企业连续体以及金融行业 BIAN 参考架构的行业架构定位

TOGAF ADM 描述了通过采用和（在适当情况下）调整通用架构和解决方案（从左到右的连续体分类）的方式，开发符合通用架构的企业特有架构和解决方案的过程。类似地，被证明是可信和有效的企业特有的架构和解决方案将被通用化以便重用（从右到左的连续体分类）。

例如，BIAN 提供了一个金融行业参考架构，可以定制成组织特有的架构。企业所包含的与安全相关的构建块则可以是与所有行业相关的通用系统。

BIAN 指导金融行业解决方案的开发，这些解决方案可由金融机构购买并作为其组织特有的解决方案图景的一部分进行实施。市场上通常会提供安全相关的通用解决方案。

企业仓库包含与架构能力相关的信息。图 10-4 表示了企业仓库的结构。它覆盖了解决方案仓库、需求仓库和架构仓库。

10 BIAN和TOGAF

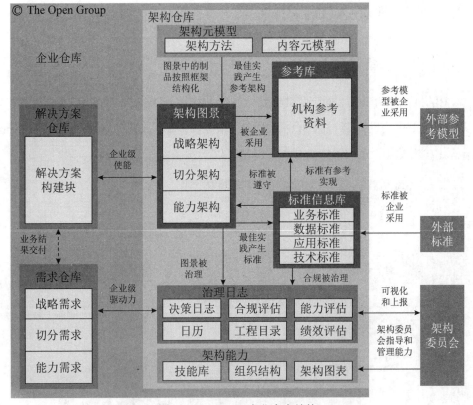

图10-4 TOGAF 企业仓库结构

需求仓库被用于 ADM 的需求管理阶段，记录和管理与架构需求相关的所有信息。

解决方案仓库保存现有解决方案构建块（文档）。

在高级别上，**架构仓库**中预计将包含六类架构信息。

- 架构元模型描述了为组织量身打造的架构框架，包括架构开发方法和架构内容的元模型。
- 架构能力定义了支持架构仓库治理的参数、结构和流程。
- 架构图景表示企业在特定时间点使用或计划使用所有资产的架构表示。
- 标准信息库捕获新架构必须遵守的标准，其中可能包括行业标准、已选择的供应商的产品和服务，或已在组织内部署的共享服务。
- 参考库提供指南、模板、模式和其他形式的参考资料，可以利用这些参考资料为企业加速创建新架构。
- 治理日志提供整个企业的治理活动的记录。

10.2 BIAN 和 ADM 阶段

10.2.1 预备阶段

BIAN 网络帮助企业了解和接受一种架构方法，从这个意义上讲，BIAN 可以为企业提供赞助。通过为企业架构工具箱提供内容，以及为企业仓库提供一个结构化参考框架（图 10-5），BIAN 框架可以为预备阶段做出贡献。

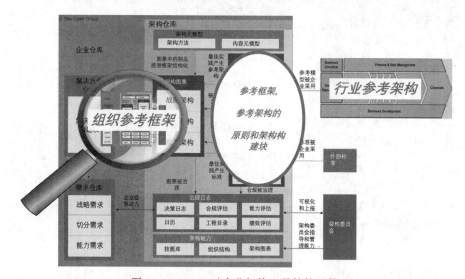

图 10-5　BIAN 对企业架构工具箱的贡献

BIAN 提供了一个**金融行业参考架构**，其服务域是任何金融机构的架构构建块。通过服务操作交换（更具体说就是通过语义 API 端点及其消息），编排这些服务域可以提供任何功能。BIAN BOM 为金融行业提供了一个参考信息架构模型。

BIAN 还给出了架构**原则**（比如面向服务和信息监护）和通用**模式**（记录成业务场景）。

每个金融机构都可以使用 BIAN，也可以将其定制为组织特有的参考框架。服务域作为基本的概念性功能构建块，服务操作作为基本服务，业务对象作为基本信息构建块，可以在基线架构和目标架构中，为架构制品或解决方案制品提供一致的概念性蒙盖要素。

这些概念性**架构构建块**可以组合成组织特有概念性架构模式，作为业务架构和信息系统架构。

可以基于 BIAN 的参考框架来**组织**架构仓库,并优化对**需求和解决方案仓库**的访问。

基于 BIAN 参考框架的概念性构建块可用于创建组织的**参考架构**概念层,描述业务和应用模式。

BIAN 框架可以为企业架构组织做出贡献。BIAN 提供的通用参考框架促进了与**其他框架**(如战略、项目群管理和绩效管理)的**互动**。它通过提供通用语言和共同文档锚点来促进信息交流与合作(另见第 5 章)。

通过建议划分责任区域(基于切分或领域),BIAN 服务图景或其定制版本可以用于支持**企业架构治理**。

10.2.2 阶段 A:架构愿景

架构项目的**范围**可以根据所涉及的服务域和业务对象进行描述。

服务域和业务对象提供的通用参考框架有助于识别架构项目的**利益相关方**。它有助于检测相关联的架构项目。

服务域和业务对象可用作构建块,在业务和应用级别表达目标**架构愿景**。通用参考框架有助于在业务级别和应用级别检测组织内外的可用**解决方案**。

10.2.3 阶段 B:业务架构

目标业务架构可以表示成对服务域的编排。BIAN 提供的业务场景可以作为起点,根据组织的规则和实践进行调整。

按照业务组件(即服务域)记录**业务需求**,需求仓库检测那些等待实现的需求。基于 BIAN 的通用参考框架有助于对需求的访问。

基线业务架构可以用 BIAN 参考框架蒙盖,这有助于检测可用**解决方案**以及揭示差距,将按业务组件(即服务域)记录这些**差距**。

收集所有所涉及的服务域控制记录模型,就是信息架构模型和信息质量需求,这些也是 BIAN BOM(或其定制体)的一种视图表达。

本阶段活动可以导致对新业务组件和业务对象的检测,这些新的组件和对象应纳入组织的参考框架。这可能需要执行阶段 H 架构变更管理。

10.2.4 阶段 C：信息系统架构

目标应用架构将是对应用组件的一种编排和应用服务的交换。作为业务组件的服务域，在目标业务架构里为应用组件提供了稳定的界限。服务操作（尤其是分解到 API 端点中的元素级别）为应用服务提供稳定的基本构建块。

需求仓库将基于服务域结构完成需求记录。基于 BIAN 的通用参考框架将促进需求仓库组织和检测等待实现的需求。

基线应用架构可以用 BIAN 参考框架蒙盖，这有助于检测可用**解决方案**以及揭示差距，我们将按服务域记录这些**差距**。

基于 BIAN 的目标架构，组件间通过稳定、基本且标准化的服务进行连接，这有利于在涉及银行、业务合作伙伴和软件供应商之间形成解决方案。

控制记录提供了服务域的 CUD[112] 信息要求，这会有助于**目标数据架构**的制定。**基线数据架构**可以用 BIAN BOM（或银行 BOM）进行蒙盖，这有助于检测可用**解决方案**以及揭示差距，这些差距将根据 BIAN 的信息参考框架进行记录。

10.2.4 阶段 D：技术架构

BIAN 没有直接支持技术架构阶段的可交付物。服务域在技术资源上的（非直接）映射有助于检测目标架构的可用技术。

10.2.5 阶段 E：机遇和解决方案

BIAN 没有支持机会和解决方案阶段的可交付物。但是，BIAN 提供的通用参考框架确实对这一阶段具有附加值。

根据 BIAN 提供的参考框架构建的目标架构和需求，有助于选择由服务提供商或软件供应商提供的解决方案或内部可用的解决方案。BIAN 架构是与服务于金融行业的软件供应商合作创建的。使用 BIAN 构建块使产品能同 BIAN 服务图

---

[112] Create（创建），Update（更新），Delete（删除）。

景和业务场景兼容，增加软件产品在现有符合 BIAN 的目标业务和应用架构中的无缝集成，从而降低集成成本。

根据 BIAN 的参考框架构建的现状架构图景，有助于搜索可重用元素。

根据 BIAN 的参考框架构建的所有架构视角以及项目范围，有助于进行影响分析，以及制定一致的项目群和迁移计划。

10.2.6　阶段 F：迁移规划

BIAN 没有支持迁移计划阶段的可交付物。如阶段 E 所述，BIAN 为项目群提供的通用参考框架的优势，也适用于此阶段对迁移方案和项目计划的制定。

10.2.7　阶段 G：实施治理

BIAN 没有支持实施治理阶段的可交付物。但是，可以从语义 API 生成的 Swagger 文件加快应用服务的开发，这是符合基于 BIAN 的企业参考架构的动力。

10.2.8　阶段 H：架构变更管理

BIAN 没有支持架构变更管理的可交付物。对 BIAN 框架更改的跟踪应纳入架构变更管理。

10.2.9　需求管理

BIAN 没有支持需求管理的可交付成果，但确实建议根据需求相关的服务域、服务操作和业务对象提供的基本、稳定的构建块结构来构建需求文档。

10.3　自我测试

1. 以下哪项陈述没有描述 BIAN 如何为企业仓库的组织和利用做出贡献？

A.服务图景及其服务域可用作组织企业仓库的参考框架。

B.BIAN BOM 及其业务对象可用作组织架构仓库的参考框架。

C. 业务场景可用作组织架构仓库的参考框架。

D. 服务图景及其服务域可用作组织需求仓库的参考框架。

2. 以下这些陈述中有哪些正确描述了 BIAN 在 TOGAF 框架中可以发挥的作用？

A. BIAN 架构是金融行业的参考架构。

B. BIAN 架构是组织特有的架构。

C. BIAN 架构是一种通用系统架构，旨在为金融机构提供安全保障。

D. BIAN 架构包含用于安全的通用系统架构的元素。

3. 以下这些陈述中哪一个没有描述如何在 TOGAF ADM 中使用 BIAN？

A. BIAN 服务图景及其服务域可用于定义目标技术架构。

B. BIAN 服务图景及其服务域可用于定义目标业务架构。

C. BIAN 业务场景可用于定义架构项目的范围。

D. BIAN 服务图景及其服务域可用于定义架构项目的范围。

11 与其他标准的协同

在制定 BIAN 标准时，BIAN 与其他标准机构保持合作，优化了 BIAN 与其他行业标准的一致性。

11.1 ISO 20022

ISO 20022 业务模型是 ISO 20022 标准的一部分，ISO 20022 标准是金融机构之间电子数据交换的 ISO 标准。ISO 20022 业务模型用于派生 ISO 20022 消息定义中使用的数据元素（ISO 20022 消息概念），从而确保对用于支持各种业务域的所有消息达成共识。

BIAN 元模型从一开始就基于 ISO 报文标准。BIAN 协会继续与相关的 ISO 工作组密切合作，以确保标准保持一致，并且 BIAN 协会开发的任何内容都建立在 ISO 内容的基础上，同样，BIAN 协会开发的任何新内容在适当的时候都提供给 ISO 运营部门供考虑。

BIAN 开发了 BIAN BOM 的业务对象和属性与 ISO 20022 业务模型的业务组件和元素之间的映射。这被称为"ISO 20022 光线映射"。这些映射在 BIAN Wiki 页面上的 Excel 文件中以表格的形式发布。

BIAN 协会记录了对 ISO 模型的潜在补充，供 ISO 工作组在 ISO 20022 的未来版本中考虑。

在考虑 ISO 20022 项目的最新阶段时，BIAN 和 ISO 20022 之间的信息交换是一个重要因素。金融服务部门的主要标准化机构正致力于将其标准映射到 ISO 20022 业务模型上。当这些主要标准到 ISO 20022 的映射到位时，它们将会映射到与 BIAN 架构完全一致的模型上。这将使 BIAN 协会成员（和其他 BIAN 用户）在处理将 BIAN 与其他金融服务标准结合使用的项目时更容易。

11.2　OMG 和 EDM 理事会

　　FIBO 是 EDM 委员会[113]和对象管理组共同努力的成果。它可以被视为一个行业词库。它定义了金融服务概念，并允许这些定义在特别的业务上下文下有特定含义，除了维护概念定义之外，还维护同义词和同音异义词。当 BIAN 构建自己的 BOM 时，会参考 FIBO 的内容，并在可能的情况下使用这些术语。FIBO 的内容开发还处于早期阶段，因此这种合作的精确机制可能会发生变化。

11.3　业务架构公会®

　　业务架构公会®是一个业务架构师社区，业务架构师聚集在一起建立和拓展他们的专业。该公会是一个由业务架构从业者、受益方和感兴趣的各方组成的国际多元化社区。公会也是一个协作集体，个人可以与同行一起学习，探索和发展新想法，并进一步实践和规范业务架构。

　　在开发 BIAN 的业务能力模型时，公会发现参与 BIAN 工作组的成员和协会成员存在重叠。基于这些现实，两个组织都相互授予对方访问其可交付物的权限，以便共享最佳实践。

11.4　自我测试

1. 以下关于 BIAN 标准的说法是对还是错？
BIAN 希望为金融行业提供完全独立于现有标准的标准。

113　EDM 理事会是全球协会，旨在将数据管理实践提升为业务和运营优先事项。

附 录

附录 A：BIAN 采用之旅

BIAN 提供了一个典型的采用路线图，可用作金融机构 BIAN 采用之旅的指导。这段采用之旅在 BIAN 网站上有动画演示。

BIAN 定义了六个采用阶段。在第 1 阶段，对 BIAN 进行评估并与其他框架进行比较。随着金融机构对 BIAN 的兴趣渐增，开始采用之旅的第 2 阶段：准备 BIAN 试点。当明确定义完试点的范围和目标，关键利益相关方承诺并参与其中时，就可以正式开始试点，即第 3 阶段。在试点期间，期望会得到验证，并决定引入（或不引入）BIAN 来结束第 3 阶段。第 4 阶段，在组织中引入 BIAN。从第 5 阶段开始，BIAN 将被用作支持组织创建和演进其特有的银行架构和架构实践的手段，通过评估关键指标来监控新架构，确保能够跟进 BIAN 价值主张的实现。第 6 阶段，一个持续提升周期保持流程不断运行。

A.1　第 1 阶段：评估 BIAN

为了跟上金融业快速发展和适应其复杂环境，银行专业人员和／或 ICT 专业人员感觉需要指导。银行参考架构模型可以提供帮助。那么，BIAN 适合用于达成这个目的吗？

评估过程已经对许多行业模型进行了评估。也许您的第一印象是您的组织需要 BIAN。BIAN 将如何强化您的价值主张？例如，它是否会提供基于标准的集成、低供应商锁定、跨国家实体的应用组合合理化和监测、与其他标准的兼容性等？

采用流程第 1 阶段的典型步骤（如图 A-1）是：

- 评估您的需求。为什么您的组织需要银行模型？
- 进行差距分析。审查各行业模型，并根据每个候选模型的使用进行差距评估。
- 确定价值主张。BIAN 对您的组织的价值主张是什么？

如果 BIAN 是您选择的参考架构，那么请采取下一步并构建一个试点案例来测试它可能提供的价值。

如果对 BIAN 没有兴趣，旅程就到此为止。

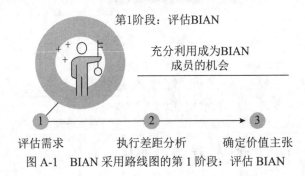

图 A-1　BIAN 采用路线图的第 1 阶段：评估 BIAN

A.2　第 2 阶段：构建试点案例

如果您的组织对 BIAN 感兴趣，请先构建一个试点案例。

在采用路线图的第 2 阶段中执行的典型活动包括（如图 A-2）：

- 培训 / 教育 BIAN 的一个关键团队。
- 确定引入 BIAN 的关键机会。
- 创建概念验证。
- 进行概念验证。

旅程的这一阶段要回答一些基本问题，例如：

- BIAN 将如何支持您的目标？
- 您是否对您的关键团队进行了有关 BIAN 概念的培训？
- 您将针对组织的哪个部分使用 BIAN？谁是要参与的关键人员？
- 您是否确定了主要机会？

- 您是否确定了您的试点候选案例？
- 您是否收到了所选 BIAN 试点可以开展或不开展的指令？

第 2 阶段将会做出开展或不开展 BIAN 试点的决定。如果选择开展 BIAN 试点，旅程将继续；如果不开展，旅程将结束。

图 A-2 BIAN 采用路线图的第 2 阶段：构建试点案例

A.3 第 3 阶段：开展 BIAN 试点

收到 BIAN 试点的开展指示后，就可以开始 BIAN 采用路线图的第 3 阶段。通过以下步骤开发和执行 BIAN 试点（图 A-3）：

- 准备试点项目并启动。
- 在试点业务范围内应用 BIAN 概念，执行试点项目。
- 给出推出或不推出 BIAN 的建议。
- 接收推出或不推出 BIAN 的决定。

旅程的这一阶段要回答以下基本问题，例如：

- 您是否确定了试点目标（SMART[114]）？
- 您是否确定了您的资源和培训要求？
- 您是否选择了要包含在试点中的项目？
- 您执行试点项目了吗？

---

[114] 对目标的 SMART 要求：Specific（具体的），Measurable（可衡量的），Achievable（可实现的），Relevant（相关的），Time-bounded（有时限的）。

- 您是否总结了您的发现和建议，以做出推出 / 不推出 BIAN 的决定？

第 3 阶段将做出推出或不推出 BIAN 的决定。如果确定推出 BIAN，旅程将继续；如果是不推出，旅程将结束。

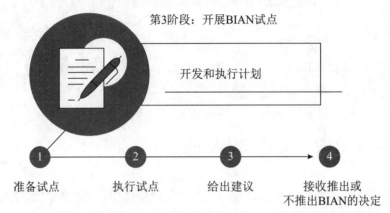

图 A-3　BIAN 采用路线图的第 3 阶段：开展 BIAN 试点

A.4　第 4 阶段：采用 BIAN

收到推出 BIAN 的"开始"指示后，可以开始 BIAN 采用路线图的第 4 阶段。在整个组织中采用 BIAN，可通过以下方式进行（图 A-4）。

- 定义在整个组织中使用 BIAN 的指导原则（例如，使用 BIAN 时确保同 BIAN 的年度发布时间表保持一致，同 BIAN 使用的运营模型、指标定义等保持一致）。
- 推广 BIAN 的使用，以确保成功采用。这可以通过持续的培训、参与 BIAN 工作组、交流成功案例等来实现。
- 培训 BIAN 人才。通过培训关键利益相关方来培养 BIAN 拥护者。
- 评估采用方法。例如，采用企业级推出 BIAN 还是按业务条线推出 BIAN，针对所有产品还是针对特定产品，全球性推出 BIAN 还是区域性推出 BIAN。

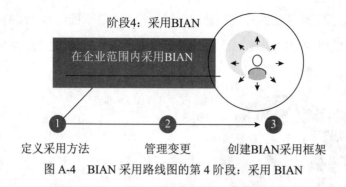

图 A-4　BIAN 采用路线图的第 4 阶段：采用 BIAN

A.5　第 5 阶段：发展架构实践

在采用路线图的这个阶段，是时候开始获得好处了。您的组织已进入采用级别，在该级别中，可以根据 BIAN 逐步定义和改进组织特有的架构。这里的主要活动是（图 A-5）：

- 定义设计原则，必须使用 BIAN 作为参考架构，并且遵从 BIAN 要求进行设计。
- 定义和引入典型的设计模式。
- 识别要实施的领域并确定其实施优先级。

通过不断衡量和评估 BIAN 带来的附加值，使得在银行的架构和架构实践中使用 BIAN 进行架构的持续改进循环变为可能。

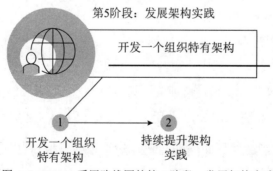

图 A-5　BIAN 采用路线图的第 5 阶段：发展架构实践

A.6 第 6 阶段：使用 BIAN 实现收益

随着实施的进行，对预期收益的持续监测将为变更过程提供信息，以期在整个组织中扩展和改进 BIAN 的使用。新的周期可以从选择另一个关键机会或识别改进倡议开始。

附录 B：术语和概念

B.1 架构层和各方面[115]

银行可以看作是一个由三个不同层组成的生态系统（图 B-1）。对客户和其他利益相关方的价值由业务层提供，业务层得到应用层的支持，应用层的运转要归功于技术层。如图 B-1 所示。

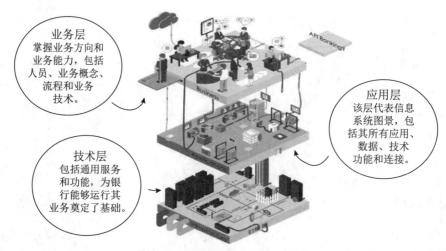

图 B-1　银行由三个不同的层组成

业务架构图景通过对业务图景元素（如业务功能、流程、服务、业务对象和参与者等）及其关系的建模描述业务层如何工作。

应用架构图景通过应用图景元素（例如应用组件及其功能、应用服务、数据存储等）的模型来描述应用层是如何工作的。

技术架构图景描绘了技术图景元素（如设备、网络、中间件以及实际编程代

---

115 受 ArchiMate® 启发。

码和物理数据存储）的结构和关系。

企业战略，如**战略层**所表达的那样，定义了银行寻求满足其利益相关方关注的方式。它定义了银行希望通过其创造价值的业务能力以及相应的战略目标和需求。

相应地需要架构银行的运营。不同层上的架构图景应根据业务、应用和技术要求进行组织，这些要求从战略层面渗透到更细节的层面。

为了评估并确保运营符合目标和需求，要通过评估实现对运营的监控。

目标、需求和评估代表了银行的动机方面，这可以与任何层都相关。

随着目标和需求的发展，以及评估揭示出可能的不足，都可能需要进行变更。银行的投资和变更组合确保期望的、计划的和正在执行的实施和迁移以变更倡议（如工程和项目）方式进行组织。实现和迁移方面也可以与任何层相关。如图 B-2 所示。

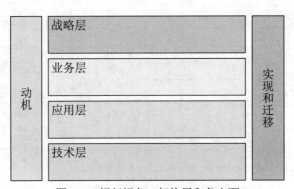

图 B-2　银行视角：架构层和各方面

B.2　架构的变焦级别

具有广泛范围，涵盖组织的所有（核心活动）的架构变得越来越重要。然而，架构师面临着范围与时间的困境。范围越广，结果的可靠性越高，对已实施解决方案的影响就越大。而且，范围越广，工作量和吞吐时间[116]就越长，产生好

116　因分析而瘫痪可能导致的一种现象：当架构准备就绪时，业务环境已经改变，机会早已消失，临时解决方案已成为最终解决方案。

处就越晚。解决这个困境的答案是进行变焦。

既是抽象的最高级别也是细节性最低的级别，但其范围最广，是**企业级**。一个全面但极其高级的企业[117]架构涵盖了被认为与该架构相关的整个领域，如图 B-3 所示。

企业架构的总揽特质应保证企业规模层面的凝聚力、互操作性和机动灵活性。

"企业"这个前缀可用于业务、应用和技术架构，也可用于任何其他学科，如绩效管理和变更组合管理。

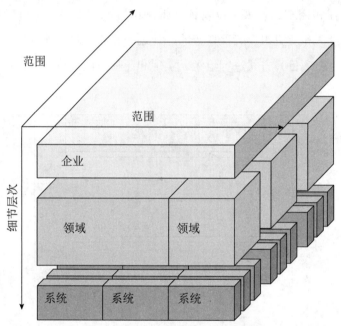

图 B-3　变焦级别：对范围广、复杂度大的架构[118]进行分而治之

基于架构考虑，企业架构范围被分成各个架构领域[119]。每个领域架构都放大了企业架构的某个部分，并以更详细的程度进一步阐述它。这可以根据紧迫性或

117　鉴于"企业"一词，人们会期望这是整个组织（银行或银行集团）。这不是必须的，也没有必要为整个银行或银行集团部署企业架构以及支持它的 BIAN 框架，以便从其优势中受益。然而，企业架构的范围越广，在（例如）协同作用和重用、信息质量、可操作性等方面的收益就越大。

118　BIAN Architecture Working Group，2017b。

119　一个领域是一个系统逻辑分组。它的架构需要足够详细，以构造和驱动领域内的系统架构。

机会一点一点地完成。

最后，系统架构可以在足够详细的程度上进行详细说明，以指导和支持系统的设计和实现[120]。这显然也是由紧迫性或机遇驱动的。

在架构或一般管理时，企业、领域和系统三种级别被用于作为需要变焦的指示。这三种层次的区分绝不是强制性的。

变焦级别与业务、应用或技术架构相关，可用作任何这些架构层的前缀。它们还同与动机视图、实施和迁移视图相关的管理过程相关。

B.3 术语和缩写

术语 / 缩写	解释
API	应用程序接口（Application Programming Interface）。 一系列允许应用间通信的定义（维基百科）。API 提供对应用服务的访问。
应用架构	应用层的架构。
应用（架构）图景	作为应用层架构的一部分，体现组件的结构和关系，要么是现在已实现的，要么是未来需要实现的。
应用层	银行生态系统的应用视角。 应用层支持业务层，而应用服务由（软件）应用组件实现。
应用平台	一组应用，可以在技术上合作，并作为一个整体进行管理。
应用服务图景	应用和它们提供的应用服务，以及应用服务间的嵌套关系。
架构制品	架构描述的一部分。 架构制品由架构模型的模型元素构成，旨在为利益相关方描述企业的系统、领域或状态。
架构	一个系统的组件结构、它们的相互关系，以及指导其设计和随时间演变的原则和指导方针。 组件的结构及其相互关系在架构模型中进行了描述（The Open Group, 2019）。
架构仓库	存储和提供架构文档的系统。
评估	基于特定标准分析事态状态。

---

120 系统是高度集成以实现总体目标的构件组成集合（或子系统）。

续表

术语/缩写	解释
"一页纸银行"	在一页纸上显示一个银行组织实体的企业蓝图的表示形式。
BIAN 框架	BIAN 提供的整个工具箱,其中包括 BIAN 架构、利用它的工具、最佳实践和方法、书籍、指南、培训……。
蓝图	达成一个组织实体的目标所需的活动的集合。 在我们的上下文中,活动在服务域中表示。枚举及其表示为"一页纸银行"都称为"蓝图"。
构建块	构建块代表业务或 ICT 的(可能可重用的)组件,可以与其他构建块结合使用以交付架构和解决方案。
业务(架构)图景	业务层组件部分的结构和关系,这些组件要么是现状已实现的,要么是未来需要实现的。
业务能力	一种能力,代表组织在其生态系统中创造其所需价值结果的能力。
业务层	银行生态系统的业务视角。 业务层向外部客户提供产品和服务,这些产品和服务在组织中通过业务参与者和角色执行的业务流程实现。
规范数据模型	用于在不同数据模型之间进行通信并对其进行集成的数据模型。 它是一个"超集",相当于规范信息模型的数据。
规范信息模型	用于在不同语言社区之间进行通信的信息模型。 这是它们对信息的看法的"超集"。每个关于现实的观点都可以有自己的模型结构、命名、定义和符号。规范模型用于将一个模型转换为另一个模型。
变革倡议/变更举措	将某些内容从现状更改为期望状态的倡议/举措。 变革倡议/变更举措可以是小规模和非正式形式组织的,它们也可以组织为一个工程或组合在一个项目中。
配置信息	描述应用级别和技术级别元素间相互关系的信息。
CRM	客户关系管理(Customer Relationship Management)。
CRUD	对信息和数据的创建、读取、更新、删除(Create,Read,Update,Delete)。
数据	在 ICT 平台上使用和存储的事实,可供应用使用。 业务使用的信息,作为数据由逻辑应用平台存储和处理。当呈现给业务时,它就变成了信息。
数据集成	确保数据在需要它的应用图景中以所需的质量提供。
数据库	用于存储和检索数据的逻辑单元,可供应用访问。 任何存储和检索的介质和方法都可用于存储和检索数据。

续表

术语/缩写	解释
图	模型（的一部分）的图形表示。 创建图以突出显示视角。
领域架构	中间级别的架构，覆盖系统的逻辑分组。
企业	具有一组共同目标的组织集合。 在本书的上下文中，它可以是银行集团、银行或业务条线，并且可以包括合作伙伴。企业定义了与最高级别、总体架构相关的范围。
（基于BIAN）参考框架	BIAN提供的一组参考点或锚点，能够对银行的元素进行唯一识别、理解和定位。 我们辨别出三个提供参考框架的视角：服务域、业务对象和服务操作。
功能需求	与业务功能相关的需求。
热力图	使用颜色进行信息的可视化表示。每种颜色代表不同的程度值。
ICT	信息和通信技术（Information and Communication Technology）。 与负责应用层和技术层的组织及它们的元素相关。
行业参考架构	适用于整个行业的通用架构。
信息	业务需求/想知道的内容。 信息可以被人们利用。
JSON	JavaScript对象表示法（JavaScript Object Notation）是一种独立于编程语言的格式，用于描述和存储属性–值对。 它用于在Web服务上下文中将内容从服务器提供方传输到服务用户。
逻辑应用架构	一种基于由应用提供业务功能的架构。
MECE	相互独立，完全穷尽（Mutually Exclusive, Collectively Exhaustive）。
微服务	一个微服务是一个范围紧凑、高度封装、松散耦合、可独立部署和独立可扩展的应用组件（Gartner术语表）。
模型	用于对现实进行建模的概念，包括： · 模型元素：在模型化现实中起作用的东西。 · 模型元素之间的关系。
非功能性需求	对与时间推移相关的交付或保证的能力要求，例如响应时间、可用性、可恢复性。
模式	为重复出现的问题（类别）提供解决方案的构建块（类型）的组合。
参考架构	一种架构，通过提供参考模型、模式、原则和指南以及规定标准，指导解决方案的设计及其在企业架构中端到端的嵌入。 参考架构不是这样实现的，它引导图景架构的实际实施，并确保其一致性和质量。

术语 / 缩写	解释
需求	必须满足的需求声明。
REST	表现态状态传输（Representational State Transfer），一种软件架构风格，用于定义一组用于创建 Webservice 的规则。
服务	与需求相对应的有价值的功能。
SOR	记录型系统（System of Record），一种数据存储（以及管理它的应用），它是指定数据集的权威来源。
标准	必须遵循的指南。
系统	高度集成以实现总体目标的有组织的部件集合（可能组织成子系统）。 一个系统可以是业务、应用或技术级别。它将处理结果传递给其他系统或人员。
系统架构	一个系统的架构。 系统的架构与该系统的高阶设计相吻合，系统的设计是其开发的模式。
技术架构	技术层的架构。
技术层	银行生态系统的技术视角。 技术层提供运行应用所需的基础设施服务（例如，处理、存储和通信服务），由硬件和系统软件实现。
TOGAF	TOGAF® 标准是 The Open Group 的标准，是世界领先组织用来提高业务效率，且经过验证的企业架构方法和框架（The Open Group，2018）。
TOGAF ADM	TOGAF 架构开发方法（Architecture Development Method）。 开发企业范围架构的迭代步骤序列。
封装	通过增加一层编码，能够同应用进行交互并将其转换为所需的格式，而无须更改应用程序。

附录 C：自我测试问题答案

第一章

1. B

BIAN 不规定架构方法、工具或建模语言。BIAN 框架可以丰富银行现有的架构实践。

2. D

BIAN 旨在让 BIAN 协会成员和行业接受其需求是由金融机构和解决方案提供商共同实现的方式，从而使 BIAN 定义的服务成为金融服务行业的事实标准。

3. C，D

BIAN 提倡基于组件和服务的方法，而不是流程驱动的方法。作为要素且相互间提供服务的组件，当根据精心设计的企业计划（企业架构）提供时，可以灵活地支持任何行为（流程）。而基于流程的架构会导致重复、点对点连接和不可控的复杂性。

BIAN 与技术无关。

第二章

1. B，C，D

服务图景并不意味着是一种设计蓝图，实际上 BIAN 多年来使用了几种表示形式。

业务场景是服务域编排的典型示例，它们描述了 BIAN 服务域如何通过服务操作协同工作以响应事件。它们不是金融业的标准，BIAN 提供的业务场景集合也不是穷尽的。

服务域是相互独立的，并且是完全穷尽的。服务域之间没有功能冗余，它们共同覆盖了一个银行所需的所有功能。

2. 全部所有

3. C，D

一个控制记录确实可以被分解为多个行为限定符，但这会导致层次化的控制记录模型。通过将业务对象建模方法（及其 BOM 内容和结构模式）应用于服务域 BOM，可以对此进行重新建模。

这些模式可确保服务域 BOM 的一致性。

4. B，C

动作术语体现了服务操作的特征。对于每个功能模式，定义了一组动作术语。具有特定功能模式的服务域将具有与这些动作术语对应的服务操作。

BIAN 语义端点描述与实现规范相去甚远。可以在 BIAN 语义 API 门户上找到 BIAN 服务域服务操作描述，服务操作描述的格式类似于 REST 端点规范，是为了便于熟悉 REST 架构风格的开发人员采用它们。对于开发人员来说，尽早认识到这些语义描述与实现级别规范存在差距非常重要。Swagger 文件只能被视为一种代码存根。

第四章

1. A，B，C

2. A，B，C

3. 错误

事实上，它不是一次的"给或拿"，而是可以一次性，也可以逐步引入，可以在银行的部分范围内使用……这些是 BIAN 的一个优势。使用得越多，好处就越大，这是正确的。

第五章

1. 全部所有

2. A，C

BIAN 提供的任何服务图景表示中的业务领域并不意味着其代表组织单元。它们不是 BIAN 标准的一部分，预计不会反映在银行的蓝图中。它们的存在是作为服务图景表示中的一种视觉辅助，并使大量服务域能更好地得到访问。

服务域是稳定的、基本的，符合 MECE 原则，因此它们适用于描述任何银行或组织或法律实体的功能，但它们不是强制性的。

3. A

业务能力由服务域组成，其价值和风险可以传递给服务域。但是，业务能力不是参考框架的构建块。

第六章

1. B

BIAN 提供的业务场景是典型示例，但不是标准。

2. 全部所有

3. B，C

A 不正确，因为连线图支持业务需求的规格化，但不是功能构建块，因此它们不适合作为组织无关的需求规格化的锚点。来自不同业务场景、与服务域（和服务交换）相关的需求，应合并到服务域级别。

D 不正确，因为业务领域和业务域只是对服务域的分组，而不是用于分隔项目的工具。项目是根据影响分析和迁移方案等来划分的。服务域是支持这些活动的工具。

第七章

1. B,C

无论架构风格如何,有着良好设计的应用组件都是相关的。它们不需要与一个且只有一个服务域重合,它们可以覆盖服务域群,或者它们可以比服务域更精细地覆盖可重用的功能。

2. D

应用平台的覆盖范围只是评估其质量的一个因素。它对需求的遵从性是另一个因素,以及它面向未来的程度也是一个因素(因素可能包括组件化和服务支持)。

3. A,B

可以通过外部化需要委托给其他应用的功能(调用服务和消除相应的代码)以及使用封装技术将预期提供的服务外部化来优化遗留应用程序。业务场景和相应的连线图需要涵盖系统在银行中的所有端到端的嵌入。这样可以对新系统和它们在应用平台中的嵌入实现最佳划分。

第八章

1. A

只要遵守BIAN BOM 模式,银行就可以根据自己的具体情况定制BIAN BOM。定制服务图景应与定制BOM 一起齐头并进,反之亦然,因为符合BIAN原则是任何定制工作的先决条件。

2. 全部所有

3. A

两者都描述了相同的信息需求,但具有不同的建模约定,并且从不同的视角来看。

第九章

1. C

BIAN 是严格语义性的。

2. B，C

在与 BIAN 保持一致的物理实现之间切换，服务用户可能必须对实现的字段级映射和本地处理逻辑进行更改，但整体业务逻辑应保持稳定。

基于语义 API 规范生成的 Swagger 文件可以用作代码存根，但这不是直接能用的应用服务。

3. A，B，C

设计良好的服务适用于所有环境和所有应用架构风格。

第十章

1. C

业务场景不是 BIAN 标准，也不是基本的稳定的构建块。因此，它们不适合蒙盖或充当组织文档的索引。

2. A，D

BIAN 提供了一个与所有金融机构相关的架构。它提供了银行可用于构成组织特有架构的构建块。它涵盖了银行在高阶语义级别上所需的所有功能。

3. A

BIAN 是语义的，不对技术做出陈述。

第十一章

1. 错误

BIAN 希望为金融行业提供详尽的参考架构，同时与其他相关标准保持一致。

附录 D：文献和来源

BIAN Architecture Working Group (2017a). Banking Use Cases supported by BIAN. Unpublished discussion document.

BIAN Architecture Working Group (2017b). *Driving Value with BIAN*. Unpublished discussion document.

Blair, A., & Marshall, S. (2016). *Open Group Guide: Business Capabilities*. The Open Group.

Derde, P. & Alaerts, M. (2019). Archi Banking Group: Combining the BIAN Reference Model, ArchiMate® Modeling Notation, and the TOGAF® Framework [White paper]. 国际开放标准组织.

Gartner Glossary. Retrieved January 2021 from www.gartner.com/en/information-technology/glossary/microservice

Ginsburgh, H. (2015). Using BIAN in vendor selection [Case study]. BIAN Association.

Homann, U. (2006). A business-oriented foundation for service orientation. Microsoft Developer Network.

Knaepen, K., & Brooms, D. (2013). *A complete and consistent business: Introduction to the COSTA model for business architects*. Lannoo Meulenhoff.

Petroni, A., Nandakumar, S., Spadafora P (2020). A cloud-native approach to accelerate BIAN implementation, in the open source way [Webinar]. BIAN Association.

Plais, A. (2020). Global Open Banking Initiatives and the added value of the BIAN Open Standards [webinar]. BIAN Association.

PNC Bank (2020). Adoption of BIAN APIs in Day-to-Day Development [Webinar]. BIAN Association.

Qumer, A., & Henderson-Sellers, B. (2008). A framework to support the evaluation, adoption and improvement of agile methods in practice. Journal of Systems and Software 81(11): 1899-1919.

Rackham, G. (2020). BIAN Semantic API Practitioner's Guide. BIAN Association.

Rettig C. (2007). The trouble with enterprise software Has enterprise software become too complex to be effective?. MIT Sloan Management Review fall 2007.

The BIAN Association, Rackham, G. Tesselaar, H. & de Groot, K. (2018). *BIAN Edition 2019 - A framework for the financial services industry*. Van Haren Publishing.

The Open Group (2018). *The TOGAF® Standard - Version 9.2.* Van Haren Publishing
The Open Group (2019). *ArchiMate® 3.1 Specification.* Van Haren Publishing.
Wikipedia, de vrije encyclopedie. Retrieved January 2021 from https://nl.wikipedia.org/wiki/Application_ programming_interface

索引

A

Action Term（动作术语）II, 28, 29, 38, 56, 57, 58, 59, 60, 62, 173, 181, 183, 218

Action Term Group（动作术语组）28, 58, 173

API Portal（API 门户）20, 21, 24, 63, 65, 181, 183, 218

API Swagger File（API Swagger 文件）见：Swagger File（Swagger 文件）

Asset Type（资产类型）XVI, 28~30, 35, 36, 40~44, 46, 48, 49, 53, 59, 64, 71, 86~88

B

Behavior Qualifier（行为限定符）II, 28~30, 41~49, 53, 56, 59, 60, 62~64, 71, 72, 85~88, 162, 184, 218

Behavior Qualifier Type（行为限定符类型）28~30, 41~46, 53, 59, 60, 64, 86

BIAN API Portal（BIAN API 门户）见：API Portal（API 门户）

BIAN~based reference architecture（基于 BIAN 的参考架构）见：Enterprise reference architecture（企业参考架构）

BIAN BOM（BIAN 业务对象模型）XVII, 11, 12, 17, 20, 25, 29, 48~52, 54~56, 71, 79, 85, 86, 93, 159, 160~165, 167~170, 173, 183, 184, 196~199, 201, 220

BIAN Business Object Model（BIAN 业务对象模型）见：BIAN BOM（BIAN 业务对象模型）

BIAN digital repository（BIAN 数字仓库）21

BIAN Framework（BIAN 框架）II~IV, VII, XIV, XXVIII, 1, 19, 20, 22, 24, 27, 41, 56, 65, 68, 81, 86, 107, 112, 138, 142, 143, 190, 196, 197, 199, 212, 214, 217

BIAN Metamodel（BIAN 元模型）20, 21, 25~29, 34, 36, 41, 48, 56, 65, 68, 69, 201

BIAN Reference Architecture（BIAN 参

考架构）见：Reference Architecture for the Financial Industry（金融行业参考架构）

BIAN Service Landscape（BIAN 服务图景）见：Service Landscape（服务图景）

BOM content pattern（BOM 内容模式）49, 50, 169

BOM structure pattern（BOM 结构模式）51

Business Area（业务领域）I, VIII, XXII, 28, 30, 31, 34, 35, 55, 71, 86, 111, 116, 120, 123, 130, 136,147, 173, 219

Business Capability（业务能力）II, V, IX, XI, XV, 12, 19, 20, 21, 25, 28~30, 35, 41, 68~70, 92~98, 102, 104, 110, 111, 117, 119, 125, 136, 139, 156, 180, 202, 210, 211, 214, 219

Business Domain（业务域）I, VIII, 28, 30, 31, 34, 55, 71, 86, 116, 136, 173, 201, 219

Business Object（业务对象）I, XI, XV, XVI, XXVI, XXVII, 3, 11, 15, 28~30, 48~52, 54~56, 71, 79, 87, 88, 159~167, 169, 170, 173~175, 181, 196, 197, 199, 201, 210, 215, 218

Business Scenario（业务场景）XI, XV, 19~21, 25, 28~30, 41, 65~67, 71, 85, 106, 120, 123, 125, 127~129, 132, 140, 153, 157, 158, 181~183, 186, 197, 199, 200, 217~221

C

Control Record（控制记录）II, 25, 28~30, 41~44, 46~49, 53, 56~60, 62~64, 71, 72, 85~88, 138, 157, 159, 160, 162,170, 181, 183, 184, 197, 198, 218

Control Record Diagram（控制记录图）46, 47, 64

Control Record pattern（控制记录的模式）46

E

Enterprise architecture governance（企业架构治理）197

Enterprise reference architecture（企业参考架构）83, 84, 119, 120, 199

Externalization[外部化（向外暴露）] 86, 143~146, 151, 156, 175, 220

F

First Order Connection（一阶连接）65

Frame of Reference（参考框架）II, IV, V, XV, 12, 75, 78~89, 91~94, 97~107,

109~113, 116~119, 122~125, 129~133, 136~138, 141, 143~148, 150, 151, 155, 157, 159, 160, 163, 164, 168, 171~176, 178~180, 183, 187, 190, 196~200, 215, 219

Functional Pattern（功能模式）II, XVI, 28, 30, 35~46, 57, 59, 60, 64, 71, 72, 86~88, 218

G

Generic Artifact（通用工件）II, 28~30, 35, 36, 38~46, 48, 49, 53, 64, 71, 86, 87, 88

I

Information profile（信息概要）25, 41, 42, 47, 56, 59, 72, 125, 138, 159, 181, 183

Investment and change portfolio management（投资和变更组合管理：II, 75, 105

ISO20022（国际标准化组织《ISO20022金融服务金融业通用报文方案》）XVII, XXVII, 9, 17, 48, 54, 55, 169, 183, 201

P

Performance management（绩效管理）II, 69, 75, 93, 101, 104, 106, 197, 212

R

Reference Architecture for the Financial Industry（金融行业参考架构）XXVI, 1~3, 8, 24, 25, 194, 196

Requirement management（需求管理）II, 75, 93, 101, 191, 193, 195, 199

S

Semantic API（语义API）II, XIII, XXI, XXVIIII, 10, 19~22, 24, 25, 28~30, 55, 56, 60, 61, 63, 65, 72, 181, 183, 186, 199, 221

Semantic API Endpoint（语义API端点）28~31, 56, 60~63, 72, 79, 85, 156, 178, 196

Semantic API Endpoint Message（语义API端点消息）28, 29, 30, 56, 63, 65, 67, 85, 183, 196, 201

Semantic API Swagger（语义API Swagger） 见：Swagger File（Swagger文件）

Service Connection（Swagger文件）服务连接）II, 31, 65, 67, 68, 148, 181~183

Service Domain（服务域）I, II, IV, V, VII, XI, XIIV, XV, XVI, XXI, XXII,

XXVI, XXVII, 3, 4, 10, 11, 17~22, 25, 26, 28~31, 34~36, 38, 40~49, 51, 52, 54~69, 71, 72, 75, 79~82, 84~88, 90, 91, 93~121, 123~126, 128~131, 133~154, 156~163, 168~170, 172~183, 186, 196~200, 214, 215, 217~220

Service Domain BOM（服务域业务对象模型）XVI, XXVII, 48, 54, 71, 85~87, 159~162, 168~170, 218

Service Domain BOM Diagram（服务域业务对象模型图）XXVII, 52, 64

Service Domain Business Object Model（服务域业务对象模型）见：Service Domain BOM（服务域业务对象模型）

Service Domain Overview Diagram（服务域概览图）25, 41, 64

Service Domain pattern（服务域模式）86

Service Domain Semantic API（服务域语义API）见：Semantic API（语义API）

Service Landscape（服务图景）I, VII, XV, XVIII, XXI, 3, 4, 11, 12, 17, 18, 20, 25, 28~35, 41, 66, 71, 75, 79, 80, 82, 85, 86, 88~90, 97, 98, 107, 111, 115, 116, 120, 122, 136, 137, 142, 143, 161, 171, 172, 175, 177, 186, 197, 199, 200, 217, 219, 220

Service Operation（服务操作）II, XV, XVI, XXVI, 3, 10~12, 20, 25, 28, 29, 31, 35, 38, 46, 55~57, 59~63, 65~68, 72, 79, 84, 93, 125, 126, 138, 141, 144, 153, 156, 172~176, 178~183, 196, 198, 199, 215, 218

Service Operation Group（服务操作组）65, 173, 181

Service Operation pattern（服务操作模式：55

Swagger File（Swagger 文件）10, 25, 28, 29, 56, 63, 72, 181, 183, 199, 218, 221

W

Wireframe（连线图）25, 28, 29, 31, 41, 65~67, 123, 125, 127, 128, 130, 148~150, 153, 154, 157, 181~183, 186, 219, 220